"新标准"学前教育专业系列教材

U0635407

幼儿园班级管理

（第二版） 微课版

编　著　张金陵

华东师范大学出版社

·上海·

图书在版编目(CIP)数据

幼儿园班级管理/张金陵编著. —2版. —上海:华东师
范大学出版社,2023
ISBN 978-7-5760-3947-4

Ⅰ.①幼… Ⅱ.①张… Ⅲ.①幼儿园-班级-学校管
理 Ⅳ.①G617

中国国家版本馆 CIP 数据核字(2023)第 131983 号

幼儿园班级管理(第二版)

"新标准"学前教育专业系列教材

编　　著　张金陵
责任编辑　李　琴
责任校对　刘伟敏　时东明
装帧设计　庄玉侠

出版发行　华东师范大学出版社
社　　址　上海市中山北路 3663 号　邮编 200062
网　　址　www.ecnupress.com.cn
电　　话　021-60821666　行政传真 021-62572105
客服电话　021-62865537　门市(邮购)电话 021-62869887
地　　址　上海市中山北路 3663 号华东师范大学校内先锋路口
网　　店　http://hdsdcbs.tmall.com

印 刷 者　上海邦达彩色包装印务有限公司
开　　本　787 毫米×1092 毫米　1/16
印　　张　14
字　　数　309 千字
版　　次　2023 年 10 月第 2 版
印　　次　2025 年 8 月第 3 次
书　　号　ISBN 978-7-5760-3947-4
定　　价　38.00 元

出 版 人　王　焰

(如发现本版图书有印订质量问题,请寄回本社客服中心调换或电话 021-62865537 联系)

前言

（第二版）

　　本教材从第一版出版到再版修订，时间在不经意间就过去了将近10年。这期间学前教育领域、职业教育领域都发生了许多变化。

　　为了适应和应对这些变化，此次修订坚持以习近平新时代中国特色社会主义思想和党的二十大精神为指导，依据国家新颁布的相关法律法规、文件及通知，如《中华人民共和国家庭教育促进法》《新时代基础教育强师计划》《"十四五"学前教育发展提升行动计划》《教育部关于大力推进幼儿园与小学科学衔接的指导意见》《关于做好2021年中小学幼儿园安全管理工作的通知》等，基于《幼儿园保育教育质量评估指南》和《学前教育专业师范生教师职业能力标准（试行）》中对幼儿园班级管理的要求及标准，积极贯彻课程思政要求，自然融入道德和情感教育等内容，同时结合幼儿园教师在班级管理中的实践和在幼儿园班级管理这门课程中积累的教学经验，吸收和采纳了许多新知识和新做法，以期全书内容更与时俱进。

　　具体修订体现在以下几个方面：

　　1. 为了更好地贯彻"落实立德树人根本任务"，坚持为党育人，为国育才，在每个单元的导学部分增加了"思政要点"，将思政教育融入教材，充分发挥教材的思政育人功能。

　　2. 正文部分补充了新的相关政策和文件，并修订和完善了相应的内容。如第一单元完善了"新教师接手他班工作与幼儿建立关系可以借鉴的方面"的内容；第二单元调整第一节"班级环境"为"班级环境创设概论"，补充了班级环境创设的重要性；第六单元增加了"家园共育概述"这一节内容；第七单元对全单元内容进行了全新组织。

　　3. 为了更好地在实践、教学中引导学生思考，将每个单元最后的【美文阅读】栏目全部删除，由【阅读思考】取而代之。【阅读思考】推荐相关阅读的书目，鼓励学生在自行阅读的同时，结合所学的章节内容进行有针对性的思考；对正文中部分【思考】的提问进行了修改，以期更加聚焦正文内容。

　　4. 此次修订在人员的称谓上也做了调整，根据新的考证文件要求，书中"保育员"这一称呼统一改为"保育师"（引用早期文件表述除外）。

　　本书再版定位是学前教育专业、保育专业、托育专业及其他相关专业教材，同时也期待和上版一样，适合有一定教育教学经验并期待提升教学实践能力的幼儿教师及对幼儿园班级管理感兴趣的人员，如学前及托育机构管理者，以及幼儿家长们阅读。

张金陵

2023.08.28

前 言
（第一版）

　　当你们在阅读这本书的时候，有很多人一定还在学校的学前教育专业学习。我想，你们一定已经学习过许多学前教育的理论课程，比如"幼儿园教育基础""学前心理学"等，也一定已经学习了一些学前教育的专业课程，比如"幼儿语言教育与活动指导""幼儿科学教育与活动指导"等，但你们一定会感到纳闷：作为将来的幼儿园教师，还需要专门学习"幼儿园班级管理"这门课吗？这门课程又属于哪一种类型呢？

　　这正是本书想和大家一起分享的内容。随着幼儿教育本身的发展，社会对幼儿教育的需求也越来越多元，这也就对幼儿园教师提出了更高的要求，"幼儿园班级管理"这门课程就是在这样的背景下诞生的。我希望通过"幼儿园班级管理"这门课程的分享，能让更多的，尤其是刚刚踏入幼儿园任教的职初教师们，或者是准备成为幼儿园教师的学生们，在掌握学前教育理论知识和具备专业技能的情况下，更快地熟悉幼儿、了解幼儿，做好班级管理工作，从而能有更多的时间思考：如何更好地为幼儿成长给予帮助和扶持，如何更好地为家长提供指导和咨询！

　　希望你们学完这门课程的时候，能有所收获，能信心满满地踏入幼儿园工作！

　　在这里，我想引用美国哲学家开普敦的一段话，与大家共勉：

"如果没有前人的肩膀，

我便没有眺望的平台；

如果不去深邃地观测，

我便不会触摸到真理；

未来，我会捧着一颗敬畏之心，

去探索（幼儿）未知的世界。"

编 者

2015.07.01

内容安排说明

人物

1. 晓晓:刚从幼儿师范学校毕业的新手教师。某幼儿园全日制新小班小(1)班的两位班级教师之一。

2. 王老师:从教 20 年的幼儿园教师。某幼儿园全日制新小班小(1)班的两位班级教师之一。晓晓的带教老师。

3. 保育师李老师:从事班级保育工作 8 年。某幼儿园全日制新小班小(1)班的保育师。

班级

小(1)班,某幼儿园 9 月新生入园组成的新小班(共有 25 名幼儿,其中女孩 13 名,男孩 12 名)。

内容

每个单元除了项目内的正文以外,还设有如下栏目:

◎ **导学部分**

1. 单元概要:主要介绍单元的各小节主要内容;

2. 思政要点:根据单元内容提出相应的思政育人方面的要求;

3. 重点:单元内容中需要重点了解或掌握的方面;

4. 难点:单元内容中需要了解或掌握的相对有难度的方面;

5. 关键词:单元内容中需要重点了解或掌握的概念或术语。

◎ **古诗词小贴士**

希望在进行本课程学习的同时,结合各单元主题继续阅读或复习一些古诗词,提高对古诗词的兴趣。如愿意可以继续上网搜索相关条目或内容,加强对古诗词的理解。

◎ **案例**

结合正文内容提供相关案例,以便帮助学生理解,更好地在实践中运用。

◎ **温馨小站**

提供与正文相关的补充内容或热点信息,如新知识、新做法等,以便提升和加强对正文内容的了解。

◎ **主题讨论**

主要针对单元所学的内容或者运用单元所学的知识,对相关问题进行思考、梳理,通过讨论、分析等途径,巩固并强化所学内容。

◎ **视野拓展**

提供与单元所学内容相关的资料,如专著、论文及影像资料的链接等,以便更广泛地了解并理解所学内容。

◎ **阅读思考**

推荐相关阅读的书目或文章出处,鼓励学生自行阅读的同时,或从心态上、或从认识上,结合所学的单元内容进行有针对性的思考,以期能在思考中收获更多。

在我们的幼儿园班级管理中，教师们每天都能遇见无数个心地单纯的小"天使"，这是我们幼儿教师的幸福。让我们一起追随这些小天使，学着倾听、学着观察，走近他们，继而走"进"他们，和他们一起，用眼睛看着这个世界，用耳朵听着这个世界，用双手转动着这个世界吧！

幸福的小篮子①

有个人说，每个人都应该有意识地在自己心中留一个空间，让它成为盛放幸福的小篮子。幸福储存得越多，幸福的感觉就越强。

为了储存更多的幸福，在日常生活中你就要收集一些东西放进篮子里，就像集邮一样沉迷其中从不间断，这样，你的收藏就会越来越丰富，就会把篮子盛满。

比如饭后散步的时候，上公园的时候，或者一个人走在街上，留意身边的事情。你看见一个穿着雪白的连衣裙，扎着两条小辫子的少女，坐在春天公园的长椅上，她在聚精会神地折着一只小纸鹤，阳光照在她的脸上，衬着后面的荷花池，感觉那场景美得简直就像一幅油画，你可以停下来，安静地欣赏这个幸福美好的画面，然后闭上眼睛，把它收进你的小篮子里。

你走在街头，看见一个小男孩，他满身幸福，那种享受的感觉，你就把它收集起来。

在一片树林里，突然看见一片树叶，被阳光照得像玉石般晶莹透亮，挂在一道暗绿色的背景上，这片叶子给你一种幸福的感觉，你就把这种感觉收集起来，放进你的幸福小篮子里。

大自然中，每一片叶子，每一束阳光，每一朵鲜花，还有每一种好的感觉，都可以成为你收集的内容。

我觉得，所有的父母如果要让孩子幸福，必须要在心里有一个幸福的小篮子。不光要为自己收集，也要帮孩子收集，送一些不同寻常的礼物给孩子，放进孩子那个小小的篮子里。比如对那个希望到沙滩上去玩的孩子，他的父母是不是应该请一天假，少拿一天的工资，带着他到沙滩上玩个痛快呢？

---

① 李跃儿.谁拿走了孩子的幸福[M].南宁：广西科学技术出版社，2008.

千万不要说"我已经定型了,就这样了,我做不到"这样的话。要是你真的做不到,那就由进入大自然开始。因为大自然永远都是灵感的源泉,是恢复与治疗心灵的良药。

你可以到田野里散步,去欣赏草叶上面闪着光亮的露珠;或者躺在草地上,仰望天空,让你的心扩展到无际的宇宙之中,让头上那片天唤醒你心里的另一片天空;你可以让月光给你洗澡,安抚你的心灵……

目 录

横看成岭侧成峰
——幼儿园班级管理

⭐ **导论概要**

导论部分主要介绍了幼儿园班级管理的有关内容和教师的职业道德,阐述了幼儿园班级管理的定义以及教师和保育师在班级管理中的各自职责。

⭐ **思政要点**

坚持立德树人,帮助学生形成正确的教育观和良好的幼儿教师职业道德,尊重幼儿,关爱幼儿。

⭐ **重点**

① 了解幼儿园班级管理的定义和内容。

② 熟悉教师和保育师在班级管理中的各自职责。

⭐ **难点**

① 明确班级管理的内容,正确开展班级管理工作。

② 教师和保育师在班级管理中相互配合、各尽其责。

⭐ **关键词**

幼儿园班级管理

幼儿园的班级是幼儿园的"细胞"，类似一个家庭，同时也是幼儿最先进入的一个小社会。班级管理工作的优劣，从一定层面可以反映出幼儿园办学水平的高低，从一定角度可以评价教师教学的水平，直接影响到幼儿的身心发展。长期以来，幼儿园班级管理工作在幼儿园中没有得到足够重视，对幼儿园班级管理的研究也很缺乏，但幼儿园一日活动中的班级管理又特别重要。如何做好班级管理工作，是幼儿园教师天天要面对且必须要妥善解决的问题。

作为幼儿园教师，我们每日所做的工作其实很多就是在进行班级管理，只是我们自身并没有完全意识到而已，皆因"只缘身在此山中"。因此在这里以苏轼《题西林壁》中的"横看成岭侧成峰"这句诗句作为标题，开始我们幼儿园班级管理的学习。

7月，晓晓从幼儿师范学校毕业了。怀着对幼儿园工作的憧憬，晓晓马上来到幼儿园报到上班，园长安排她和已经工作20年的王老师搭班，一起承担新学期新小班小(1)班的班级工作。

为了让晓晓尽快适应从学生到幼儿教师的身份转变，王老师首先让晓晓对以下方面的内容进行一些回顾和梳理。

一、班级管理的相关内容

幼儿园班级是幼儿园进行保教活动的基本单位。班级的组织和管理成效与幼儿园整个大系统休戚相关，具有相互依存、相互制约的关系。

(一) 班级幼儿的年龄跨度

根据2016年颁布的《幼儿园工作规程》(以下简称《规程》)第一章第四条的规定："幼儿园适龄幼儿一般为3周岁至6周岁。幼儿园一般为三年制。"针对目前学前教育发展的需求，很多城市和地区，如北京、上海等，鼓励和支持有条件的幼儿园开设托班，招收2—3岁的幼儿，积极推进托幼一体化工作。

(二) 班级幼儿的年龄划分及班额标准

根据《规程》中的规定，全日制幼儿园班级的年龄划分和班额标准如表1所示。

表 0-1　班级的年龄划分和班额标准

班级	年龄	班额
大班	5—6岁	≤35人
中班	4—5岁	≤30人
小班	3—4岁	≤25人

(三) 班级的人员

(1) 全日制幼儿园中班级的保教人员：一般包括2名教师和1位保育师，三位一体，有分工、要合作。

温馨小站

幼儿园在安排新教师开展工作的时候，都会选择一名有丰富经验的老教师和她们搭班，同时进行带教工作，以便新教师能更好地适应和开展工作。

2012年上海全面推行中小学、幼儿园见习教师规范化培训。新教师上岗前必须完成为期一年的培训，迈好爱岗敬业善教的"第一步"。目前已全面推广。

温馨小站

《上海市学前教育三年行动计划(2019—2021年)》中提出的主要措施有："推进托幼一体化工作。统筹解决托幼供给总量、托幼需求结构和托幼服务质量。在有条件的公办幼儿园和新建幼儿园开设托班，政府加大对园所生均经费、编制等方面的支持力度。鼓励民办幼儿园开设普惠性托班，集体办托儿所扩大办所规模。"

温馨小站

各年龄段幼儿年龄计算的方法：截至招生年度的8月31日的年龄，如2022年9月1日入园的小班幼儿应该是2021年9月1日至2022年8月31日满3周岁的幼儿，也就是2018年9月1日至2019年8月31日之间出生的幼儿。

案 例

　　有一次我看到班级保育师把垃圾往走廊里扫,感觉有些不解,认为她不太为他人着想,于是对她产生了一些看法。之后我们之间就少了沟通,"三位一体"没有很好地进行配合,所以在工作上也就有所疏忽。一天班级里一个幼儿尿湿了,因为彼此没有沟通好,孩子裤子都没有换,湿着就回家了。我们两人因此发生了口角。

　　这件事让我很想不通,情绪也很低落。这时,带教顾老师帮我分析了事情的前后,甚至不客气地责备了我一番,说是要把我骂骂醒。刚开始我感到非常委屈,一直想不通,可能是年轻气盛,就是不服气。顾老师就再次给我分析了事情的轻重,告诉我幼儿永远是最重要的,无论怎么样,只要对幼儿有所疏忽,任何人都不能推卸责任。一个班级是靠教师和保育师三个人共同建构起来的,不能说什么该你做,什么该她做,班级里的事应该是三个人份内的事情。于是,我主动找保育师谈心,向她道歉,化解了一些误会,让彼此的协作顺利开展。

(芷江中路幼儿园　袁佳赟)[1]

　　思考　如何真正做到教师和保育师在班级管理工作中的"三位一体"?

　　1989年颁布的《幼儿园管理条例》(以下简称《条例》)和《规程》中均指出,教师和保育员[2]是幼儿园班级管理的主要承担者,肩负着对幼儿进行教育和保育的双重任务,因而对幼儿的健康成长起着重要的作用。

　　《规程》第三十九条指出:

　　幼儿园教职工应当贯彻国家教育方针,具有良好品德,热爱教育事业,尊重和爱护幼儿,具有专业知识和技能以及相应的文化和专业素养,为人师表,忠于职责,身心健康。

　　幼儿园教职工患传染病期间暂停在幼儿园的工作。有犯罪、吸毒记录和精神病史者不得在幼儿园工作。

　　《规程》第四十一条规定:

　　幼儿园教师必须具有《教师资格条例》规定的幼儿园教师资格,并符合本规程第

① 上海市中小学(幼儿园)课程教材改革委员会.幼儿园教师成长手册(试行)[M].上海:华东师范大学出版社,2009.本文略有改编.
② 本处依据原《条例》和《规程》中的表述,仍使用"保育员"这一称谓。

三十九条规定。

幼儿园教师实行聘任制。

幼儿园教师对本班工作全面负责,其主要职责如下:

(一)观察了解幼儿,依据国家有关规定,结合本班幼儿的发展水平和兴趣需要,制订和执行教育工作计划,合理安排幼儿一日生活;

(二)创设良好的教育环境,合理组织教育内容,提供丰富的玩具和游戏材料,开展适宜的教育活动;

(三)严格执行幼儿园安全、卫生保健制度,指导并配合保育员管理本班幼儿生活,做好卫生保健工作;

(四)与家长保持经常联系,了解幼儿家庭的教育环境,商讨符合幼儿特点的教育措施,相互配合共同完成教育任务;

(五)参加业务学习和保育教育研究活动;

(六)定期总结评估保教工作实效,接受园长的指导和检查。

《规程》第四十二条指出:

幼儿园保育员应当符合本规程第三十九条规定,并应当具备高中毕业以上学历,受过幼儿保育职业培训。

幼儿园保育员的主要职责如下:

(一)负责本班房舍、设备、环境的清洁卫生和消毒工作;

(二)在教师指导下,科学照料和管理幼儿生活,并配合本班教师组织教育活动;

(三)在卫生保健人员和本班教师指导下,严格执行幼儿园安全、卫生保健制度;

(四)妥善保管幼儿衣物和本班的设备、用具。

(2)班级中的全体幼儿,他们是班级管理中的主要对象,尤其是其中的个别幼儿更要引起教师在班级管理过程中的重视,同时幼儿本身也是进行班级管理不可或缺的一分子。

案 例

准备睡午觉了,孩子们都准备放好椅子排队了,瞳瞳却拿着一条毛巾从厕所中走出来嚷着:"张老师,这条毛巾没有挂起来!"

大家全停了下来,如果不提醒瞳瞳抓紧时间,以后孩子们都会学样;但如果不解决瞳瞳发现的问题,以后毛巾不挂的情况就会更严重!于是我索性问孩子们:"如果你是瞳瞳,你觉得应该怎么做?"翔翔说:"看到小毛巾没挂好就马上挂好它!"有人小声嘀咕:

图0-1　挂好小毛巾

"叫他自己挂好!"东东说:"看看谁的号码上没有挂毛巾,就去找这个小朋友,叫他把毛巾挂好;如果他不挂,再来告诉老师。"瞳瞳同意东东给她出的这个主意,向东东投去了赞赏的眼光。

孩子们也都认为东东这个办法好!东东也为自己在同伴面前把自己的想法清楚、大声地表达出来,并且得到同伴的认可而神气极了——巡视教室里的同伴一周,然后才坐了下去!

等大家到卧室睡觉的时候,佳佳拉住我,提出了自己的问题:"如果时间很少了,一下找不到那个没有挂毛巾的小朋友怎么办?总不能老是等在那里吧?!我觉得东东的办法不是最好的办法!"我笑起来:"佳佳,那你有什么好办法?""就是自由活动的时候看见就提醒,不是等到时间少的时候再去。"佳佳说出了自己的想法。原来如此!"佳佳,等午睡起来告诉大家。"我鼓励并提醒佳佳。

（3）班级管理的人员也应延伸到幼儿家长,教师应引导家长参与到班级管理中,同时必须关注个别家长和家长群体,他们对于班级管理也起着举足轻重的作用。

案 例

一天离园时间,当我把孩子们带到幼儿园大门口时,远远地看见班中几个家长正聚在一起,好像议论着什么,特别是毛毛奶奶像是在"演讲",情绪还比较激动。家长看到我带着孩子出来后,马上散开,都围到门口,招呼自己的孩子。当毛毛奶奶和我眼神短暂对视时,我看到她显得有点不自然。

正当我迷惑不解时,手机响了,原来是小宇妈妈打来的。小宇妈妈和我比较熟,还没等我开口,她就问我:"老师,咱们班是不是走了一个老师啊?你们三个老师忙得过来吗?"（关心中透着不放心）我连忙问:"你们怎么知道?我还没来得及和家长们说呢!"小宇妈妈说:"刚才毛毛奶奶说的呀!听她这么一说,家长们都挺不满意的,特别是安安奶奶,一听说班中少了个老师,情绪特别激动,说前几天安安生病,肯定是因为班里少了老师,照顾不过来!大家都挺着急的,要找园长呢!"

听完小宇妈妈的话,我终于明白了刚才一幕背后的真相了。我连忙向小宇妈妈解释了情况:幼儿园每个班都是配备两位老师和一位保育师,考虑到小班入园新生需要更多的照顾,所以在刚开学的一周会给小班临时增加一位行政老师,随着幼儿们对环境的熟悉和情绪的逐渐稳定,行政老师就会退出。就目前我们班 25 名幼儿来说,三个老师是完全能照顾得过来的。同时,我又列举了一些老师照顾幼儿们的细节,小宇妈妈听后放心地连声说:"原来是这样啊,老师辛苦了!谢谢你们啊!"

反思:彼此认识的家长聚在一起讨论幼儿园或者班级问题其实很常见,由于站在相同的立场上,他们在某些方面很容易达成共识。出现误解,首先是因为新生家长对幼儿园的情况还不十分了解,和老师还没有建立起信任关系,对幼儿入园后的点滴变化过度关注,容易产生从众心理,再加上教师忽视了和家长的及时沟通,所以,矛盾在所难免。但如果矛盾不及时控制和解决,则很有可能在家长的群体参与和传播下产生更不好的影响。可以怎么做呢?

第一,换位思考,发现问题。作为一名教师,我们要具有一双敏锐的眼睛,不仅时时刻刻关注幼儿的状况,更要善于从家长的言谈举止、表情等外显行为中觉察出他们的内心感受:喜悦、焦虑还是困惑?教师要经常换位思考,站在家长的角度看问题,在尊重、理解他们的基础上,再发表自己的见解,提出自己的建议。

第二,找准"领头",及时化解。家长中的"小群体"不可避免地是存在的,很多家长因为孩子经常在一起玩,彼此也成了朋友,经常会在一起谈论关于幼儿园和班级的事情。教师要观察谁在群体中处于"核心"地位,谁的看法或观点总能得到家长的认可,对其他家长的影响比较大。教师要多花些功夫与这样的家长及时沟通,赢得他们的信任和支持,通过他们再去做其他家长的工作就容易多了,可谓"做通一人,融通一片"。

第三,增进感情,了解动向。家长和教师的关系,作为社会关系中相对复杂的一种,有时的确很微妙。在教师与家长的相处中,总有一些家长或者是因为教育观念一致、谈话投机,或者是因为性格相似、情趣相投而成为好朋友,他们与教师之间的沟通更加频繁和自然,能够反映和代表其他一些家长的态度和心声,便于教师了解班中家长的整体情况,便于教师学习站在家长的角度考虑问题,从而更有针对性地反思自身,做好家长工作。

第四,加强沟通,取得信任。在幼儿初入园阶段,教师千万不可忽视与家长的沟通。在上述案例中,正是因为缺少了沟通,才会造成一些误会。如今随着信息技术的发展和网络的普及,教师可以通过多种形式与家长取得联系,让家长尽快、全方位地了解幼儿在园的情况,帮助家长们度过"分离焦虑期"。比如通过这次事件,教师就特别重视为家长呈现"可视性强"的影像资料,上传每个幼儿一日生

图 0-2 让家长了解孩子在园表现

活的照片和录像,将家长关注的饮水问题拍成短片,每个幼儿的饮水次数和饮水量都在网上播放。经过不懈的努力,家长终于认可了老师的工作,还有家长写来了深情的表扬信,表达对老师的感谢。[①]

思考:如果你是这个班的老师,你会如何处理?

(四) 班级的活动

(1) 根据时间顺序安排的班级活动,在不同的时段,有不同的管理要求。

《规程》第十八条要求:

　　幼儿园应当制定合理的幼儿一日生活作息制度。正餐间隔时间为 3.5—4 小时。在正常情况下,幼儿户外活动时间(包括户外体育活动时间)每天不得少于 2 小时,寄宿制幼儿园不得少于 3 小时;高寒、高温地区可酌情增减。

下表为上海某幼儿园一日作息时间表。

表 0-2　某幼儿园一日作息时间表

7:30—8:00	区角或游戏	11:30—12:00	餐后(户外)活动
8:00—9:00	运动	12:00—14:20	午睡
9:00—9:20	点心等生活活动	14:20—15:00	起床等生活活动
9:20—9:50	学习活动	15:00—15:45	户外活动
9:50—10:10	生活活动	15:45—16:00	区角、游戏
10:10—10:35	户外游戏	16:00—16:30	离园活动
10:35—11:30	餐前活动与午餐等生活活动		

　　稳定有规律的一日活动对幼儿发展有着重要的意义,可以帮助幼儿形成动力定型,促进幼儿的发育。同时,能给予幼儿情绪的稳定和心理上的安全感,有利于幼儿习惯的养成。
　　但另一方面,幼儿园鼓励弹性安排幼儿一日活动时间,教师在班级管理中可以把更多的

---

① 魏芳.家长群体工作变不利为有利[J].学前教育(幼教版),2010(10).

自主交给幼儿,这样可以有效地减少各环节过渡的时间,减少幼儿等待的时间。

(2)根据空间变换安排的班级活动,在不同的地点,如教室、盥洗室、户外餐厅、卧室、专用活动室等,有不同的管理方法。

(五)班级的功能

1. 生活功能

生活功能是指幼儿园班级对幼儿具有生活基础的功能,具体包括如下功能。

(1)引导幼儿一日生活的功能。

(2)实施幼儿卫生保健的功能。

(3)组织幼儿锻炼身体的功能。

2. 教育功能

教育功能的发挥是教育目标实现的重要保证,幼儿园班级管理要以促进幼儿在健康、认知、社会性、情感、个性等方面的全面和谐发展为目标。

3. 社会功能

社会功能即实现社会价值的功能。幼儿园各年龄段的班级承担着保教的功能,在支持幼儿成长的同时,也体现着社会对幼儿教育的要求。

同时,王老师建议晓晓在正式开学之前,把国家颁布的与幼儿园教师息息相关的法律法规等文件学习一下,以便知晓相关的职业道德要求,更好地规范自己的职业行为。

二、班级教师的职业道德

对于班级幼儿教师的职业道德,国家颁布了一系列的法律法规文件,比如如下的一些。

(1)教育部于2012年颁布的《幼儿园教师专业标准》有比较明确的规范要求,提出如下基本理念:

> (一)师德为先:热爱学前教育事业,具有职业理想,践行社会主义核心价值体系,履行教师职业道德规范。关爱幼儿,尊重幼儿人格,富有爱心、责任心、耐心和细心;为人师表,教书育人,自尊自律,做幼儿健康成长的启蒙者和引路人。
>
> (二)幼儿为本:尊重幼儿权益,以幼儿为主体,充分调动和发挥幼儿的主动性;遵循幼儿身心发展特点和保教活动规律,提供适合的教育,保障幼儿快乐健康成长。
>
> (三)能力为重:把学前教育理论与保教实践相结合,突出保教实践能力;研究幼儿,遵循幼儿成长规律,提升保教工作专业化水平;坚持实践、反思、再实践、再反思,不断提高专业能力。

温馨小站

江苏省尝试弹性一日活动时间安排,除了餐点和午休时间,其他时间允许教师根据幼儿及活动需要,灵活调配。原则是建立稳定、有规律的一日活动流程,满足幼儿自主活动的需要。场地(户外运动场地、专用活动室等)根据幼儿活动及活动需要,采用预约、协商的办法,不提倡幼儿园统一排表。

　　(四)终身学习:学习先进学前教育理论,了解国内外学前教育改革与发展的经验和做法;优化知识结构,提高文化素养;具有终身学习与持续发展的意识和能力,做终身学习的典范。

(2)教育部于2018年颁布的《新时代幼儿园教师职业行为十项准则》对幼儿教师职业行为进行了规定:

　　一、坚定政治方向。坚持以习近平新时代中国特色社会主义思想为指导,拥护中国共产党的领导,贯彻党的教育方针;不得在保教活动中及其他场合有损害党中央权威和违背党的路线方针政策的言行。

　　二、自觉爱国守法。忠于祖国,忠于人民,恪守宪法原则,遵守法律法规,依法履行教师职责;不得损害国家利益、社会公共利益,或违背社会公序良俗。

　　三、传播优秀文化。带头践行社会主义核心价值观,弘扬真善美,传递正能量;不得通过保教活动、论坛、讲座、信息网络及其他渠道发表、转发错误观点,或编造散布虚假信息、不良信息。

　　四、潜心培幼育人。落实立德树人根本任务,爱岗敬业,细致耐心;不得在工作期间玩忽职守、消极怠工,或空岗、未经批准找人替班,不得利用职务之便兼职兼薪。

　　五、加强安全防范。增强安全意识,加强安全教育,保护幼儿安全,防范事故风险;不得在保教活动中遇突发事件、面临危险时,不顾幼儿安危,擅离职守,自行逃离。

　　六、关心爱护幼儿。呵护幼儿健康,保障快乐成长;不得体罚和变相体罚幼儿,不得歧视、侮辱幼儿,严禁猥亵、虐待、伤害幼儿。

　　七、遵循幼教规律。循序渐进,寓教于乐;不得采用学校教育方式提前教授小学内容,不得组织有碍幼儿身心健康的活动。

　　八、秉持公平诚信。坚持原则,处事公道,光明磊落,为人正直;不得在入园招生、绩效考核、岗位聘用、职称评聘、评优评奖等工作中徇私舞弊、弄虚作假。

　　九、坚守廉洁自律。严于律己,清廉从教;不得索要、收受幼儿家长财物或参加由家长付费的宴请、旅游、娱乐休闲等活动,不得推销幼儿读物、社会保险或利用家长资源谋取私利。

　　十、规范保教行为。尊重幼儿权益,抵制不良风气;不得组织幼儿参加以营利为目的的表演、竞赛等活动,或泄露幼儿与家长的信息。

(3)教育部2018年为规范幼儿园教师职业行为,保障教师、幼儿的合法权益,根据《中华人民共和国教育法》《中华人民共和国未成年人保护法》《中华人民共和国教师法》《教师资格条例》和《新时代幼儿园教师职业行为十项准则》等法律法规和制度规范,制定了《幼儿园教师违反职业道德行为处理办法》。

三、幼儿园班级管理的定义

幼儿园班级管理是指幼儿园班级中的保教人员通过计划、组织、实施、协调等过程,充分利用人、财、物、时间、空间、信息等资源,采取适当的方法以达到高效率实现教育和保育目的,使幼儿获得全面健康发展的管理活动。

幼儿园班级管理的定义解析

案例分析

幼儿在游戏时常把玩具拿到哪里就放到哪里,而且喜欢把所有的玩具全部拿出来摆放,但游戏结束后常常不能很好地收拾。针对这一情况,王老师采用物品管理责任到人的做法:把活动区分成几个区,并设计了徽标,每周一上午评选"小管家"。具体方法落实为"建筑区"小管家负责带领该区幼儿整理积木;"毛巾区"小管家负责检查毛巾收挂情况,如发现毛巾没挂好,及时提醒;"图书区"小管家负责检查图书破损、取放情况,及时制止撕书行为并要求修补破书等。面对一双双热情的小手,共选出了七个岗位的小管家。孩子们都很高兴"到手"的工作,并将其看作是一种荣誉。到了周五,再和幼儿共同评出优秀的小管家,奖励大红花,然后重新选出七个岗位的新管家。这么一来,由于小管家常清扫整理,班级在任何时候都很整洁,物品也有了明确、规范的摆放位置。所以无论幼儿还是老师存取东西都成了一件轻松简单的事,而且由于物品摆放合理,班上的事故也明显减少了。[①]

请从幼儿园班级管理的角度,对王老师的做法进行适当的评价。

主题讨论

在班级管理中,教师经常碰到的情况是班级里每天都会有告状的孩子。为了使班级里少发生告状的事情,王老师引导小朋友在班级里制定一份规则。至于是什么规则,让孩子们自己说。可说了很多以后,又有小朋友提出了,说记不住这么多的规则。有小朋友就说,把它画下来。王老师认为这个办法不错,就画下来,至于用什么图形还是孩子们自己讨论,最后定下了以下规则:

"床"图案代表午睡不乖。

"拳头"图案代表打人、推人。

"书本"图案代表撕毁图书、扔图书、卷图书。

"人"图案代表躺在地上。

---

① 做好班级管理的秘籍:六个案例细说班级管理[EB/OL]. (2018 - 10 - 26)[2022 - 11 - 25]. https://www.163.com/dy/article/DV2B4HDU05363AGO.html. 本文有改编.

"嘴巴"图案代表骂人，午餐时说话或是说不团结的话。

"椅子"图案代表午睡时、放学后没放好小椅子，搬椅子用推，上课时椅子坐不住等。

"脚"图案代表课间追跑、踢人以及上下楼梯、去洗手间时追跑等现象。

凡是有上述行为的小朋友，都要在相应图案下面记录上他的学号。

自从这个规则在班级实施以后，第一周被写上学号的幼儿还真不少。特别是户外活动结束以后回教室，以前都喜欢跑进教室，现在把那些追跑的幼儿的学号都写在上面。此后，班级外出回来争跑的现象减少了。每天有一个小老师在观察记录着，但并不是说一开始就会写上学号，而是在小老师或是老师的提醒下还不改正的小朋友才会被写上学号。但也有去掉学号的方法，就是在一整天的活动中受老师表扬的，那么就可以"将功抵过"去掉他的学号。通过轮流来当小老师互相监督，孩子们逐渐自觉起来了。①

请结合所学内容想一想，王老师这种班级管理的做法好不好？对你有哪些启示？

视野拓展

1. ［美］丽莲·凯兹.与幼儿教师对话[M].廖凤瑞，译.南京：南京师范大学出版社，2004.

2. ［英］莎曼，等.观察儿童[M].单敏月，王晓平，译.上海：华东师范大学出版社，2008.

3. ［澳］罗德.理解儿童的行为：早期儿童教育工作者指南[M].毛曙阳，译.上海：华东师范大学出版社，2008.

4. 李跃儿.孩子是脚，教育是鞋[M].上海：华东师范大学出版社，2014.

5. 中国电影《看上去很美》.

6. 中国电影《小人国》.

7. 中国18集纪录片《成长的秘密》.

8. 扫码观看相关文件.

幼儿园教师专业标准（2012）

幼儿园工作规程（2016）

幼儿园管理条例（1989）

幼儿园教育指导纲要
（试行）（2001）

新时代幼儿园教师职业
行为十项准则（2018）

幼儿园教师违反职业道
德行为处理办法（2018）

① 摘自《幼儿园班级管理的六个案例》.幼儿园教案网：http://www.chinajiaoan.cn.本文略有改编.

阅读思考

1. 建议阅读姜勇老师在《上海托幼》2013 年第 4 期上发表的《幼儿教育的人文遐想》一文,思考你心目中"好的幼儿教育"是怎样的,你心目中好的幼儿教师是什么样的。

2. 建议阅读卢梭的《爱弥儿》、波兹曼的《童年的消逝》和安特斯的《儿童的权利》,思考你心目中的儿童是什么样的,你会用哪些词语描述你心目中"儿童的形象"?

第一单元

小荷才露尖尖角
——开学适应工作

⭐ **单元概要**

本单元分为四小节,第一节主要介绍了 2—3 岁幼儿的发展特点及幼儿入园不适应的原因;第二节阐述了新生家访及幼儿入园焦虑的情况;第三节重点介绍了插班生的家访和融入工作;第四节针对新老师如何做好插班工作进行了梳理。

⭐ **思政要点**

能在幼儿班级管理中养成爱心、耐心与细心,热爱幼儿,关注幼儿个体差异和年龄特点。

⭐ **重点**

① 了解 2—3 岁幼儿的发展特点以及新生入园常见的不适应现象及其原因。

② 理解家访的性质、目标以及幼儿入园对幼儿发展的促进作用。

⭐ **难点**

① 通过家访等掌握入园新生的基本状况。

② 能针对开学初入园新生的各种不适应表现进行有效疏导。

⭐ **关键词**

分离焦虑、依恋、家访。

　　幼儿园班级管理工作其实从幼儿入园之前就已经开始了。教师对开学工作的相关准备应该"前置"进行，即在幼儿已报好名但尚未入园之时，就着手开展班级管理工作。不管对于入园新生，还是新教师，这都如同诗句中所描述的"小荷才露尖尖角"：一切工作刚刚起步，才展露出尖尖头角。希望通过本单元的学习，新教师们能尽快熟悉班级管理工作，帮助入园新生及家长们顺利度过入园焦虑期，开启美好的幼儿园生活。

第一节　开学工作的准备

面对即将入园的新生，晓晓忐忑不安："我还可以做些什么呢？"

王老师告诉晓晓："工作我们一样一样来做，不用担心的！虽然是 9 月 1 日开学，但是在开学之前我们有新生入园的各项准备工作需要做。"晓晓问："有哪些准备工作呢？"

王老师建议晓晓，首先重新熟悉一下 2—3 岁幼儿发展的特点，然后再根据幼儿的特点做好相应准备。下面让我们和晓晓一起来学习下吧！

温馨小站

如果教育学希望从一切方面去教育人，那么就必须首先也从一切方面去了解人。

——乌申斯基

一、2—3 岁幼儿发展的特点

（一）认知发展

幼儿能指示物体并说出很多东西的名字；喜欢看书上的插图，图片越接近真实事物越好，部分幼儿可以从照片中认出自己；开始能够把事物分类、匹配；会随着自己会唱的有动作的歌曲表演其中一些动作；能遵从简单的两步指令；开始进行幻想游戏，能模仿成人的动作。

（二）语言交流发展

幼儿词汇量在这个时期突飞猛进，知道并能够使用大约 200 到 300 个词，其中大部分是名词；有些幼儿开始会使用一些人称代词，最常用的词可能是"不""我""我的"；会使用 2 到 3 个词组成的句子，有时有个别发音可能不完全正确或准确。会使用多种方式与人沟通，会运用语言、身体体态、面部表情等；沮丧或生气的时候会发脾气；喜欢听其他人说话，并重复某些听到的词；会用新学的话来表达自己的需求，开始对周围环境提出各种各样的问题。

（三）社会和情绪发展

2 岁的幼儿反应特别激烈，如果没有达到自己的目的，他们可能会发脾气，需要成人帮助其学习控制激烈的情绪；幼儿可能会做出叛逆的行为，需要成人帮助他们，进入心理学上所说的"第一反抗期"；与父母分开时，幼儿们总会觉得焦虑和心烦，但同时越来越喜欢和其他幼儿在一起玩。

（四）大肌肉和精细动作发展

2 岁的幼儿可以到处活动，而且走得比较稳，会跑，可以绕过障碍物，可以抓住扶手或者成人的手上下楼梯；喜欢有动作的游戏和歌曲；会更多使用手指和手，能轻松拿起小东西，摆弄它们；喜欢把玩具拼在一起再拆开，可以用几块积木搭成高塔；会使用蜡笔或马克笔四处乱画；更习惯用看和触摸来了解物体。

思考　如果你是新入园幼儿的班级教师，能给即将入园的幼儿及家长们提供哪些指导？

温馨小站

　　为进一步推进上海市学前教育事业的发展，实现0—6岁儿童教育整体化、系统化、科学化，提高学前教育机构的3岁前婴幼儿教养工作水平和家庭教育指导水平，上海市教育委员会特于2008年5月8日印发了《上海市0—3岁婴幼儿教养方案（试行）》。本方案是上海市托幼园所实施3岁前教养工作的指南，也为家庭教养提供参考。

二、帮助幼儿发展的方式

　　在了解了2—3岁幼儿的发展特点后，具体应该如何支持、帮助幼儿适应入园生活，如何支持、帮助幼儿发展呢？我们一起来看下面的文字！

温馨小站

　　关于发展里程碑：

　　不仅要把发展里程碑看作理解儿童发展的指南，还要把它看作促进儿童发展的助手。支持儿童的发展并不是要推动儿童"准时"到达发展的里程碑。相反，教师应利用发展里程碑的知识来了解儿童需要成人怎样来支持他们的发展与学习，以便帮助儿童按照他自己的时间而非"准时"达到他们的发展水平。

帮助幼儿克服沮丧与愤怒，
每天都给幼儿读书或讲故事，
让幼儿替你找东西，
问问幼儿身体部位、物体的名称，
和幼儿一起玩配对游戏，
与幼儿谈论各种事情，
和幼儿一起唱歌，
提供一些能提高创造能力的玩具，
请确保班级中、家中环境安全。[1]

　　王老师还要求晓晓在回顾一些理论知识的同时，着手策划新学期班级里的开学准备工作。

（一）创设温馨、安全的班级环境

1. 用心布置班级里如家般的环境

　　比如在教室的娃娃家，教师可以将幼儿从家里带来的全家福照片衬上精致的相框，挂在娃娃家墙上；地上铺上泡沫地毯，沙发上摆上柔软的靠垫，门上挂上漂亮的门帘……幼儿想爸爸

---

① 整理自网易公开课：明尼苏达大学《婴儿发展里程碑》。

妈妈时,可以看看全家福照片,和爸爸妈妈说说"悄悄话",还可以"烧饭炒菜"给爸爸妈妈吃;提供玩具手机,幼儿可以摆弄、拨打玩具手机,和爸爸妈妈倾诉烦恼,缓解焦虑;也可以将娃娃放在小床上,做娃娃的爸爸妈妈,给娃娃喂奶、穿衣服,体验成长的快乐;还可以和娃娃一起躺在床上,抱着从家中带来的抱枕,闭上眼睛,听听摇篮曲,沉浸在美妙的梦境中。对新入园的幼儿来说,家是他们最喜欢的地方,通过班级如家般的环境,让幼儿获得安全感,降低分离焦虑。

同时教室里所有的材料、物品要方便幼儿自己取放和操作,让幼儿获得使用的愉悦感和对环境的掌控感,减少无助感带来的焦虑。

> **温馨小站**
>
> 1. 开学初环境布置材料尽量不用纸质,颜色不宜过多过亮,宜粉色为主。
> 2. 暂不提供小木珠等小颗粒的玩具。
> 3. 在幼儿触手可及的环境中尽量不用图钉、大头钉等尖锐物品。
> 4. 活动前,仔细检查教室,如剪刀等尖锐物品是否放在适宜的地方。
> 5. 每天变换教室中一些环境布置的小物件的摆放位置,引起幼儿的关注。
> 6. 准备一些幼儿喜欢阅读的图书或者喜欢欣赏的音乐、故事和儿歌等。

2. 通过亲子活动或带领幼儿参观幼儿园,帮助幼儿熟悉周围的环境

教师可以通过亲子活动,帮助幼儿建立对幼儿园生活的感性认识。比如,亲子活动可以先由家长陪伴幼儿3—5次,后几次幼儿单独跟教师活动,每次活动时间两小时左右。丰富多彩、生动有趣、富有吸引力的活动不仅能使幼儿获得愉快的情绪体验,逐渐建立起对教师的信任,产生对幼儿园的喜爱情绪,而且幼儿在欢乐的气氛中"分离焦虑"的情况将会大大减少,为后面三年的幼儿园生活打下良好的基础。

教师还可以带领幼儿参观幼儿园各种专用活动室以及中大班哥哥姐姐的教室、餐厅和卧室等,让幼儿对幼儿园的生活充满期待和好奇,还可以带领幼儿参观幼儿园的保健室、运动器械室等,帮助幼儿熟悉幼儿园内的环境。

> **温馨小站**
>
> 分离焦虑是指婴幼儿因与亲人分离而引起的焦虑、不安或不愉快的情绪反应,又称离别焦虑。它是儿童焦虑症的一种类型,一般分为三个阶段:反抗阶段——号啕大哭,又踢又闹;失望阶段——仍然哭泣,断断续续,吵闹动作减少,不理睬他人,表情迟钝;超脱阶段——接受外人的照料,开始正常的活动,但看见抚育人时又会出现悲伤的表情。
>
> 每个幼儿分离焦虑的具体表现也各不相同。有些只是表现为情绪不稳定、哭泣,有些会饮食减少、睡眠不安、少言寡语,更严重的甚至会出现短暂的睡眠障碍,会从梦中惊醒,拒绝进食或身体不适等。

案例

丹麦采取了一种循序渐进的适应模式"5天适应计划",让幼儿学会适应幼儿园的独立生活,自然而然地融入其中,因此很少有幼儿因入园而焦虑。其做法是:第一天,幼儿与同伴在园内玩一个小时,然后由家长接回家;第二天时间延长为两个小时;第三天增加到两个半小时;到了第四天,除了时间增加到三个小时以上,幼儿还可以在教师指导下享受一顿美味丰盛的午餐,然后离开幼儿园;最后一天,即第五天,幼儿按照正常的作息时间在幼儿园活动。

（二）建设温暖、和谐的人际环境

1. 像母亲般爱护幼儿,尽快建立新的稳定的师幼依恋关系

幼儿与成人之间稳定的依恋关系会给幼儿带来内心的安全感,会促使幼儿主动探索周围的世界。教师要主动与幼儿建立情感交流,及时回应幼儿,用充满爱意的拥抱、抚摸和细致及时的关心、照顾,来赢得幼儿的信任,尽快与幼儿建立起新的稳定的师幼依恋关系。幼儿慢慢会觉得教师是可亲的人,对教师不再陌生,与教师建立良好的感情和师幼关系。幼儿最容易得到满足,教师的一个微笑眼神、一个亲昵动作、一句贴心话语,就能打动幼儿的心。当幼儿开心来园时,教师可以送给他们一个"大拇指",或热情的拥抱;即使小脸哭得花花的,教师依然要给予幼儿最温柔的微笑和最真诚的鼓励:"哇! 你今天好漂亮啊!""明天我们来时,记得和我抱一抱哈"……

应彩云老师曾经在文章《开学啦》中这样描述:"两岁的儿子上托儿所时,害怕的眼神里流露出的内心活动:妈妈离开了,不知道还会不会再来;这个从未见过的人,会不会像妈妈一样对我好。"庆幸的是,应老师儿子的老师读懂了幼儿的心声——"整整一天,教师竟然允许他的小手一直拉着她的裙摆,哪怕上洗手间的时候。才一天的工夫,儿子就对这个叫陆老师的人产生了信任。第二天再去时,尽管无奈却已没有了恐惧。"

对幼儿而言,入园之初教师的言行非常重要,教师给予她们的就是离开家庭以后对"社会"的最初印象。

2. 设置丰富的游戏内容,给幼儿营造最佳的心理氛围

喜欢游戏是幼儿的天性,陈鹤琴先生认为:"幼儿是生来好动的,是以游戏为生命的。游戏可以缓解紧张状态,给幼儿带来巨大的快乐。"对刚入园的幼儿,教师可以通过拉拉手、抱一抱等肢体接触性的游戏让幼儿体验到妈妈般温柔的情感,

图 1-1　教师允许他的小手一直拉着她的裙摆

在无形中拉近幼儿与教师的心理距离,产生温暖感和安全感,缓解幼儿对家人的思念之情。在这样的游戏中,教师尽量蹲下身体,与幼儿平视,并用温柔的动作与幼儿进行身体接触,满足幼儿被关心、爱护的需要,让幼儿感到安全、温暖,逐渐稳定其情绪,缓解其焦虑。

教师可以在入园初和幼儿玩手机通话的游戏。当幼儿缠着老师找妈妈、找外婆,把娃娃家里的手机给老师,让老师打给妈妈时,老师不妨就"打给"妈妈:"宝宝妈妈,你下班了快点来接宝宝哦!"幼儿通过游戏感受亲人的存在,通过游戏感受到教师的亲切,可以减少或消除他们对教师的陌生感。

图 1-2 通过电话感受亲人存在

教师还可以提供各种美术材料,如马克笔、蜡笔、水彩颜料等,让幼儿选择自己喜欢的材料在铅画纸和瓷砖墙上随心所欲地涂抹,通过这种方法释放、缓解紧张的心情和焦虑的情绪。

心理学研究表明,音乐能缓解紧张情绪、消除焦虑心理、产生欢快情绪。教师可通过入园前家访,了解幼儿在家中经常听、喜欢听的音乐和歌曲,然后在开学初,有意识地经常播放这类歌曲,营造幼儿熟悉的环境氛围。同时利用一些开心有趣、简单重复的音乐游戏,让幼儿感受欢乐,消除焦虑。美国心理学家伊扎德研究表明,幼儿会用重复的游戏帮助自己去控制可能产生的焦虑。如伴随着音乐游戏《两只老虎》《找朋友》等旋律,教师可以带领幼儿做简单、重复、有节奏的动作,帮助幼儿放松身体、体验愉悦,有效地缓解幼儿的焦虑情绪。

(三)开学前召开新生家长会

在幼儿入园之前,班级教师一般会提前召开新生家长会(可参考第六单元第一节的内容),帮助家长了解幼儿园的情况,介绍幼儿所在新班的班级整体情况、一日作息的安排、幼儿入园不适应的原因、幼儿刚入园会有哪些普遍情况以及需要家长积极配合的事项等。这里重点介绍以下几个方面的内容。

1. 幼儿入园不适应的原因[①]

(1)从独享爱到和同伴分享爱。

在家庭中,父母和祖辈对幼儿的爱和照顾是无微不至的,幼儿对于成人的爱是一种霸道的独占性的爱。而在幼儿园里,教师面对的是全班幼儿,

> **温馨小站**
>
> 开学第一周家长千万不要做的八件事:
> 1. 今天不送了明天送;
> 2. 去两天歇一天;
> 3. 陪着孩子一起哭;
> 4. 骗孩子说一会儿就回来;
> 5. 吓唬孩子不来接;
> 6. 陪着孩子进教室;
> 7. 早餐吃太饱;
> 8. 放学回家负面询问误导。
>
> ——应彩云《开学季,如何缓解入园焦虑?》

---

① 三岁幼儿入园适应分析和家庭准备. 幼儿园园长之家(微信公众号). 2015-1-16.

教师的爱和关注包括每个幼儿，和同伴一起分享教师的爱使幼儿时刻担心受冷落，所以不难理解，有的幼儿看到老师去哄别人时，会哭得更伤心。

（2）从独享玩具到和同伴分享玩具。

幼儿园和家庭最大的不同在于每样物品、每种玩具都是班级里所有同伴一起使用和玩的，幼儿自己喜欢的玩具要和大家一起玩，喜欢看的书要和大家一起看，等等之类，造成幼儿对玩具的占有欲得不到满足，从而产生不满、抵触情绪。

（3）从随意性生活到有规律的生活。

幼儿在家庭中，常常是随性而为，想吃就吃，想玩就玩，想睡就睡，而在幼儿园由于是集体生活，每个幼儿必须纳入有规律的生活轨道，必须遵守幼儿园统一的作息时间安排，盥洗、如厕、饮水等要学会等待，这会让幼儿觉得不舒服、不自由。

（4）此阶段的幼儿年龄特点所决定。

从心理学上说，3岁幼儿有以下特点。

① 易冲动。3岁幼儿的情感发展还很不稳定，缺乏有意控制能力，常表现为想哭就哭，想笑就笑——在他高兴时，大叫大笑，一旦不高兴了就又哭又闹。

② 易感染。同样由于情感发展的不稳定性，3岁幼儿表现出易受感染的特点，所以看到同伴哭了，他也会跟着哭。

③ 有依恋。3岁左右的幼儿对父母和家庭有较强的依恋性，离开亲人的怀抱进入陌生的环境，自然会产生哭闹的情况。

> **温馨小站**
>
> 依恋是指一个人对他最亲近的人的强烈而深厚的情感联系，最早由美国儿童心理学家约翰·鲍尔贝提出。婴幼儿的依恋最初表现在6、7个月大的时候。依恋是人的社会性的最基本的表现形式之一。

2. 幼儿刚入园需要关注的情况

幼儿刚入园，教师可以提醒家长关注以下几个方面。

（1）健康。入园后的适应需要消耗幼儿的体力和精力，因而幼儿的抵抗力会随之下降；同时集体生活容易引发幼儿之间的交叉感染，且2—3岁属于易感年龄，尤其一些体质较弱的幼儿可能会反复生病。家长在幼儿初入园的一段时间内，要保证幼儿有规律的作息，避免额外的体力消耗；平时注意锻炼幼儿的身体，让幼儿参加适当的户外活动；添加富含维生素的食物，以增强幼儿的免疫力。例如，双休日带幼儿外出游玩，注意合理安排时间，适当保证睡眠等休息时间，餐点等尽量与平时保持一致。

（2）服装。入园给幼儿穿舒适、少饰品的服装和大小合适、易于穿脱、便于运动的鞋子。考虑幼儿自理能力所达到的水平，可以先选择没有扣、没有鞋带、能一脚穿进的运动鞋。幼儿一开始很难区分左右脚，可以通过给其中一只鞋缝标记或纽扣等方法，帮助幼儿辨别。随着幼儿年龄的增长，可以再教其他的辨别方法，比如利用子母扣的开口方向、鞋子弯的方向等帮助幼儿辨别。

温馨小站

千万不要小看袜子，对幼儿而言，它可是"小身材，大作用"，是幼儿身体健康的一道有效的保护屏障。

1. 首先是袜子的材质，尽量能够选择棉质的，毕竟它是集透气、保暖、舒适为一身的好材质。

2. 一年四季最好都能给幼儿穿袜子，避免幼儿稚嫩的脚趾头和脚指甲轻易受到伤害。

3. 在秋冬天，最好能够选择中筒袜。它既可以在不穿棉毛裤的时候，有一定的保暖作用，还可以在穿棉毛裤的时候牢牢地包住裤脚管。这样既可以保护幼儿的脚踝不受冻（特别是家长们在抱幼儿的时候，常常裤脚管就跑到腿上面去了，如果袜子包住棉毛裤的裤脚管，那就不用担心了），又便于幼儿自己穿、脱外裤（不至于棉毛裤总是在穿外裤的时候被撸到腿中间，幼儿自己还轻易拉不下来，实在是不舒服）。

4. 女孩子能不穿连裤袜（尤其是厚的连裤袜）就不穿。对于幼儿而言，连裤袜实在是太紧了，幼儿很难自己自如穿脱。尤其小便的时候，特别容易不当心尿在上面，卫生情况堪忧。

家长可以准备2—3套包括袜子在内的可以替换的全套衣服，贴好标签装在包中，带到幼儿园放在指定位置，以便幼儿在园弄湿、弄脏衣服，比如尿裤子、吃饭撒了等时候，老师及时帮幼儿更换。同时家长应尽量避免给幼儿穿这些衣服：有绳的连帽衣，容易缠住幼儿的脖子，或者被户外活动设施等器械钩住；有小饰品的衣服，即上面有装饰用的小珠珠、小亮片等，会划伤或被吞食；露指头的鞋，容易被绊倒摔跤，会让幼儿脚趾头受伤；背带裤、连裤袜等，不方便运动和如厕后幼儿自己整理。

温馨小站

在日本幼儿园，幼儿都有统一的服装，一天当中往往要多次换衣服，而且不同的活动需要穿不同的衣服。而这些都需要幼儿自己动手来完成。

在国内，有些幼儿园有统一着装，但不要求每天都穿，幼儿大多穿自己的衣服。现在比较注重锻炼幼儿的自主能力，会让幼儿自己穿衣，但对于一些新入园的、小年龄的幼儿，老师还是会帮忙。

图1-3　幼儿统一着装

（3）情绪、情感。哭泣是幼儿入园最常有的表现，但也有些幼儿在第一天并没有哭泣，而是在过了一两天后,甚至一个星期后突然开始哭泣。这是因为这些幼儿对入园的新鲜感逐渐减少的缘故。也有一些幼儿,只在家长来园接的时候哭泣,这说明他们在看见家长时控制不住,立刻宣泄、释放了一天的压力。此时家长应尽可能用积极正面的口吻与幼儿进行交流,舒缓幼儿的紧张情绪,如"幼儿园真好玩,有那么多玩具、那么多小朋友"等,让幼儿产生向往,也可以让幼儿带上自己的玩具来幼儿园,在午睡的时候陪伴幼儿,适当安抚幼儿的不安情绪。还有一些幼儿会在特定的时段哭,比如午餐、午睡等时候,这说明这些幼儿在这些环节上与之前在家中的情况改变比较大,幼儿较难适应;或这方面的自理能力欠缺。家长需要创设环境,适当提供帮助,使幼儿逐步过渡。比如,在家中进餐和吃点心的时候给幼儿提供餐具,可以是幼儿自己挑选的,或是其喜欢的造型和图案,让其心情愉悦、愿意尝试使用。

部分刚入园的幼儿短时间之内对教师还没有建立起信任和依赖,会出现憋尿或尿湿裤子的现象。家长不要指责幼儿,可以为幼儿准备可替换的衣服,用幼儿熟悉的包装(如幼儿的小背包),带到幼儿园来,放在幼儿知晓的指定位置,如幼儿衣柜中,以便幼儿在自己需要的时候可以使用或告诉老师拿取。这些都能让幼儿产生安全感。家长还可以告诉幼儿:"老师非常喜欢你,愿意帮助你,下次如果想要小便马上告诉老师,可以请老师帮忙。"有了成功的体验后,幼儿很快会对教师产生信任和依赖感。

(4)自我服务。一些幼儿入园适应的时间比较长,除了受性格等因素的影响之外,还与幼儿的自我服务能力有关。如果幼儿在一个陌生的环境里连自己的基本需求都无法满足,那么他一定会非常排斥这个环境。家长可以让幼儿在家里做一些力所能及的事情,比如帮助摆放拖鞋、将垃圾分类丢放到垃圾桶中等,培养幼儿独立进餐、穿鞋、如厕等能力,这对增强幼儿的自信心具有十分重要的意义,有助于幼儿入园后更快地适应。

(5)饮食。有些家长发现幼儿在离园后能吃很多零食,或是晚饭时饭量增加,就认为一定是在园时没有吃饱的缘故。其实,这是幼儿入园后的常见现象,造成这种现象的原因有很多,比如幼儿在园时的体力消耗大,造成胃口的增大;有的幼儿挑食,或不习惯幼儿园的饮食结构和饮食习惯,在园时的进食量会减少,回家后的饭量便增大;家长提供的零食符合幼儿的喜好,即使不饿也会嘴馋。教师可向家长建议:为幼儿所提供的零食可以是少许水果或酸奶类,在家时尽可能让幼儿尝试一些不喜欢的菜。

3. 需要家长积极准备、配合的事项

除了家长的正确认识外,在家庭中,积极有效地做一些准备、配合工作,同样是必不可少的,家庭的准备、配合工作主要包括以下几点。

(1)了解幼儿个性和喜好,并及时和教师交流。每个幼儿都是不同的个体,都有自己的个性特点,家长首先要了解自己的孩子,比如在性格方面有胆大外向型、胆小内向型或中性等。有的幼儿适应较慢,这类幼儿常表现为比较固执,不喜欢和人玩,抵触情绪大。家长应针对幼儿的个性特点和喜好,及早和班级教师交流,以便对症处理。

案例

一个新生(女孩)来园没几天,就再也不愿上幼儿园了。了解以后得知原因是:女孩认为椅子"是我的",总爱与同伴争抢椅子,教师见了便断定女孩是个自私的孩子。女孩的母亲着急地求助说:"孩子在家里并不自私,怎么会在幼儿园里这样呢?"

图1-4 "椅子是我的!"

于是教师开始仔细地观察女孩的行为,发现她很喜欢蓝老鼠。一问果然如此,女孩在家里坐的小椅子上就贴着蓝老鼠的贴纸。到幼儿园后第一次坐的小椅子上已剥落的油漆看上去正像一只蓝老鼠。于是女孩坐着这张椅子就好像坐在家里的椅子上一样。只是教师一开始却将这种情感的迁移和寄托误读为自私。难怪女孩不愿上幼儿园了![1]

思考 新生入园家访时,哪些方面需要与家长、幼儿交流、沟通呢?

(2)心理上准备。家长不仅要帮助孩子做好心理准备,也要调整好自己的心态。在幼儿入园前,家长可以和孩子谈幼儿园的事情,带孩子参观幼儿园,到幼儿园里玩,看在园幼儿活动等,帮助孩子逐步喜欢幼儿园、向往幼儿园生活。也可以在两岁半左右入托一段时间,做适应性准备。孩子入园后,家长要有坚持性,要鼓励孩子天天入园,不要因为心疼迁就而前功尽弃。

(3)能力上准备。家长在家中应提前培养幼儿的生活自理能力,例如让幼儿学会自己用调羹吃饭,不要家长陪护睡觉,会穿脱衣服等。同时要学会简单的人际交往能力。例如会和同伴一起玩,不独霸玩具,会喊老师请求帮助等。另外对幼儿的一些不良习惯,如咬嘴唇、吮手指、尿床等,应及早纠正,以免入园后加重。

(4)物质上准备。在幼儿入园前,家长可以和幼儿一起准备衣物,如轻便、易脱、合脚的鞋,较少装饰的衣裤(尽量不要穿背带裤),干净的手帕等。请幼儿挑选自己喜欢的标识,比如自己的大头照(可以辅以幼儿的姓名,以便幼儿逐步对自己姓名的文字有感知),也可以是幼儿喜欢的动物或物品的图片。让幼儿自己选择标识放置的位置,比如被子的右下角、衣服的门襟内侧等,这既有助于幼儿识别自己的物品,又能帮助幼儿学着使用这些物品并达成初

① 应彩云.开学啦[J].上海托幼,2011(9).本文略有改编.

步自理。这些准备活动能让幼儿在陌生的班级环境中寻得安全感,减轻幼儿的入园焦虑;这些准备的物品也是幼儿在园生活必不可少的。对于适应有困难的幼儿,可征得教师的同意,带一样幼儿最喜欢的物品入园,如玩具或小毛巾被等,使幼儿产生亲近心理,尽快适应集体生活。

温馨小站

　　教师在开学前的家长会上通过预先告知、适当指导的方式,不仅能让家长提前做好一定的心理准备,而且容易使家长对教师产生认同感。当幼儿有类似状况发生时,家长不但不会胡乱猜疑,反而会感到教师十分有经验,增强对教师的信任感。

(四) 做好入园前的家访

　　入园前,教师要对所有幼儿进行家访,通过家访建立幼儿和家长对老师的初步信任感。通过家访,了解幼儿的生活习惯、兴趣爱好、个性特点,以及家长在对待幼儿教育问题上所持的观点等。家访时可以请家长填写"家长问卷",从而对幼儿进行更加深入、细致、全面的了解;通过交谈,向家长了解幼儿的一些生活习惯及饮食爱好,以便教师在幼儿园里能有的放矢做好幼儿的保教工作。同时,还可以发放一封"给入园新生家长的信"(见下文),指导家长调整自己的心态、做好幼儿入园的各项准备工作。

尊敬的家长:

　　您好!

　　欢迎您的孩子来到我们的幼儿园!

　　在您的孩子刚上幼儿园时,会与您有较长时间的分离,这时,孩子可能会有情绪不安、哭闹的情形。此时,请您不要过分担心,因为每个幼儿的个性不同,适应新环境的能力也有所差异,这种"分离焦虑"一般2—3个星期就会消失。当您的孩子出现情绪不稳或拒绝上幼儿园的时候,我们提供以下一些建议,希望对您有所帮助。

　　1. 在孩子入园前,请您多和他(她)谈谈有关幼儿园生活的话题,诸如:老师、小朋友、玩具、游戏等,以引起孩子上幼儿园的兴趣。当孩子有错误时,请不要以"不乖就送你上幼儿园"或"再闹就把你送到幼儿园让老师管你"等吓唬他(她),否则会使孩子产生对幼儿园的恐惧感,而拒绝上幼儿园。

　　2. 在日常生活中,请您一方面帮助孩子了解一些集体生活准则,如:轮流、等待、分享等,以便孩子能愉快地与新伙伴相处;另一方面,适时培养孩子的自我服务能力,指导他(她)练习穿衣、吃饭、如厕、喝水等。但如果孩子不愿意,请不必勉强他(她)。在幼儿园,我们会帮助孩子逐步学习的。

　　3. 临近入园时,如果孩子有一些特殊的需求(如需多喝水、睡觉要玩具等),请您与我们联系,以便孩子得到更精心的照顾。

4. 入园第一天，请选择孩子身心健康、愉快的时候来园。这样会避免孩子因身体不适而产生情绪不安，甚至对上幼儿园产生反感而加剧哭闹。

5. 刚入园时，您可带些孩子最心爱的玩具来陪伴他（她）。这样会使孩子对幼儿园产生一种亲切感。另外，还可以帮助他（她）学会与小朋友一起分享自己的玩具。

6. 入园后，针对幼儿入园时出现的不安情绪，我们会用不同的方法帮助他（她）克服与父母暂时分开而产生的"分离焦虑"。在这同时，我们更需要家长与我们配合，当孩子表现出依恋家庭不愿上幼儿园时，请您能积极鼓励孩子坚持来园，这样可避免孩子再一次体验分离所造成的哭闹。

7. 在您送孩子时，请您每天放心地离开幼儿园，愉快地与孩子说"再见"。因为您这种愉悦的情绪和对幼儿园的信任感会直接传达给孩子，这远比用语言告诉他（她）更重要。

感谢您阅读以上建议，我们愿与您共同帮助孩子由家庭生活愉快地适应幼儿园的集体生活。

××幼儿园××班全体教师

某年某月某日①

成功的家访可以增进教师对幼儿及其家长的了解，从而更加有效地实施个别教育；还可以促进家长对于幼儿园、班级工作的认同，树立教师良好的形象。家访只是教师进行家长工作中的一种形式而已，在新生入园等特殊时段，它有着十分重要的作用，但作为幼儿园教师千万不能忽视家长工作的其他形式，更多的家长工作是在幼儿教师每天与家长的接触、沟通和交流中进行的。

（五）设计行为观察表

王老师设计了一张幼儿在园情况观察表，希望晓晓熟悉并在幼儿入园后学着进行记录。

表1-1 ××幼儿园20××学年第一学期小(1)班幼儿在园情况观察表

时间： 年 月 日

学号	姓名	生活活动			情绪			活动	
		独立进餐	按时睡觉	大小便告诉老师	愿意和他人打招呼	无攻击性行为	没有哭闹情况	愿意参加户外活动	愿意和他人一起游戏

注：是或有打"○"，不是或无打"△"。

---

① 摘自中国幼儿教师网《新入园幼儿分离焦虑产生的原因及其干预对策》.

这张表可以在一定程度上帮助家长了解幼儿入园后在班级中的各方面情况,能直观地看到孩子每天在各个方面是否有所进步,在哪些方面还存在问题。家长可以在家中继续帮助幼儿,以便幼儿尽快适应班级的集体生活。

温馨小站

《上海市0—3岁婴幼儿教养方案》中提出的教养理念有如下四条。

1. **关爱儿童　满足需求**　重视婴幼儿的情感关怀,强调以亲为先,以情为主、关爱儿童、赋予亲情,满足婴幼儿成长的需求。创设良好环境,在宽松的氛围中,让婴幼儿开心、开口、开窍。尊重婴幼儿的意愿,使他们积极主动、健康愉快地发展。

2. **以养为主　教养融合**　强调婴幼儿的身心健康是发展的基础。在开展保教工作时,应把儿童的健康、安全及养育工作放在首位。坚持保育与教育紧密结合的原则,保中有教,教中重保,自然渗透,教养合一。促进婴幼儿生理与心理的和谐发展。

3. **关注发育　顺应发展**　强调全面关心、关注、关怀婴幼儿的成长过程。在教养实践中,要把握成熟阶段和发展过程;关注多元智能和发展差异;关注经验获得的机会和发展潜能。学会尊重婴幼儿身心发展规律,顺应儿童的天性,让他们能在丰富、适宜的环境中自然发展,和谐发展,充实发展。

4. **因人而异　开启潜能**　重视婴幼儿在发育与健康、感知与运动、认知与语言、情感与社会性等方面的发展差异,提倡更多地实施个别化的教育,使保教工作以自然差异为基础。同时,要充分认识到人生许多良好的品质和智慧的获得均在生命的早期,必须密切关注,把握机会。要提供适宜刺激,诱发多种经验,充分利用日常生活与游戏中的学习情景,开启潜能,推进发展。

新生入园指导工作

园长把小（1）班25名幼儿的报名表交给了王老师和晓晓，晓晓迫不及待地把全班幼儿报名单看了一遍。王老师问："班级幼儿的情况你能简单说一说吗？对于家访你有哪些想法？你打算如何安排幼儿的号码和座位、排队顺序……"

王老师一下子提了许多问题，晓晓想：带个幼儿园的小班有这么复杂吗？王老师好像看出了晓晓的心思："班级管理说简单不简单，说复杂也不复杂，最重要的是和幼儿、家长建立良好的关系，同时关键要看你是如何做的。"王老师言简意赅地阐明了自己的观点，"比如拿到新班幼儿报名表，要尽快通过表上信息熟悉班级幼儿，为开学前的家访做准备；同时，新入园的幼儿通常会比较多出现分离焦虑，应该如何应对也要做到心中有数哦！"

看来晓晓要学习的东西真的挺多啊，让我们一起进入今天要学习的内容吧！

一、熟悉班级的每一个幼儿

（一）通过报名表，第一次熟悉班级里的每一个幼儿

（1）大声念出每个幼儿的名字，保证不读错。

（2）遇到不认识的字马上查字典。

（3）如果是多音字，一定记着家访时询问家长读哪个音。

（二）检查报名表上家长填写的信息

仔细检查报名表上的信息，查看有无不清楚或错误的，比如，手机号码有没有多写或漏写一位数字；是否有漏填项目等。事先做好标记，家访时询问家长。

（三）编写幼儿的学号

学号编写需要遵循一定的规则，也有一些小技巧，具体如下：

（1）根据幼儿年龄，把报名表上班级中的幼儿按照从小到大排列。

（2）最小的幼儿为1号，接着是2号，以此类推，一直到最大的幼儿，如：小（1）班最大的就是25号。

（3）准备幼儿熟悉、喜欢的图案贴纸，比如日常生活用品、动物、玩具等，如：小（1）班按照1套25个准备4—5套贴纸，用于小床和茶杯架等处的粘贴，以方便幼儿辨识。

（4）全班幼儿的学号排好后，根据班级人数打印份数。如：有25人就打印25份，每个幼儿家庭可以有一份班级学号安排表，以便了解全班情况。

（5）可以用幼儿的大头照取代图案贴纸。请家长提前准备，家访时给教师。

为什么这样安排？你觉得还有哪些好的方法？

二、家访

（一）根据报名表上显示的信息，在地图上标识全班幼儿的居住地

1. 了解班级中居住在同一个小区或居住邻近的幼儿分布情况

（1）可以告知居住在同一小区或居住邻近的家长，附近有其他幼儿和你家孩子是同班，可加强家庭与家庭之间的沟通。

（2）让附近的幼儿提前互相熟识，适当缓解幼儿入园时的焦虑。

（3）如果遇到通信不畅等特殊情况，可以请邻近的家长帮忙联系或转达。

2. 合理规划、安排家访时的路线

（1）尽量以最合理的路线进行家访。可以通过网络事先搜寻合理的路线，了解多种到达的交通方式（见图 1-5）。

图 1-5　搜寻合理路线

（2）兼顾家长的时间需求。尽量挑选父母双方均在家的休息时间进行家访，以保证家访的时间相对宽松，同时告诉父母家访时幼儿也需要在家。

（二）带好相关材料

关于新生家访的准备工作，王老师给了如下建议：

（1）带好打印好的班级幼儿学号安排表和图案贴纸（没有大头照时备用）。

（2）带好照相机或手机，里面存有班级教师和保育员的一张合影照片。

（3）做好标识的地图，手机里做好电子备份。

（4）事先联系家长，约好家访时间。

班级幼儿学号编制说明

（5）搭班教师做好交流、沟通：事先分工，以便两人都可以和家长、幼儿交流，使家长、幼儿对两位教师都能留下深刻印象。

（6）带好笔及便条本，或使用手机，及时记录。

（7）带好根据幼儿人数打印好的班级教师手机号、班级微信群二维码、幼儿园班级作息时间安排表等。

（三）家访时的注意事项

1. 装扮要求

（1）衣着端庄得体，不要过于暴露，如：不宜穿太低胸的衣服。

（2）鞋子要便于穿脱，但不要穿人字拖等，以免显得过于随意。

（3）可以淡妆，切忌浓妆艳抹。

2. 尽量 2 位班级教师一同前往

（1）班级 2 位教师事先商量好各自交谈的内容，互相补充，不要重复。

（2）事先再次有针对性地阅览报名表，了解即将家访的幼儿各方面情况，做到熟记于心。

3. 准时到达

（1）在即将到达家访目的地之前再次与家长确认具体地址。

（2）最好提前 5—10 分钟到小区，保证准时到达幼儿的家中。

4. 其他注意事项

（1）家长没有邀请参观房间时，切忌在房间内到处走动。

（2）不在一个幼儿家中逗留过长时间。

（四）家访的主要内容

1. 与家长尤其是父母、幼儿日常教养人交流，并及时做好记录

（1）了解幼儿的出生情况：是否顺产，是否独生子女等。

（2）核对报名表上的基本信息，询问报名表上有疑惑的地方，及时更改。

（3）询问入园前主要日常教养人是谁。

（4）了解幼儿在家基本情况：吃饭、睡觉、日常习惯及有无特别需要注意的其他地方。

（5）询问幼儿是否接受过早教，如有，继续询问参加哪个机构的早教，参加何种形式的早教。

（6）了解幼儿有无需要特别提醒或告知教师的方面：①是否过敏体质、已知过敏原有哪些；②是否有高温惊厥史、习惯性脱臼等；③有无特定表述或方言习惯，如：有幼儿用"叮铃铃"声表示要小便。

2. 观察幼儿家庭情况

（1）观察幼儿的玩具、书籍等。

（2）观察幼儿的家庭成员组成情况。

3. 告知家长相关信息

（1）介绍班级教师及保育师情况。

（2）介绍班级教室、卧室所处位置。

（3）介绍幼儿所在班级的情况：①总人数及男女比例；②幼儿学号是几，告知家长学号产生办法：根据班级中的幼儿年龄从小到大编排；③周围或同一小区有无班级其他幼儿等。

（4）介绍需要家长提前准备或注意的事项：①引导幼儿能用语言及时、准确表达自己大小便的意愿；②尝试让幼儿自己使用调羹进餐；③家中作息时间逐步与幼儿园的作息时间接轨；④幼儿园新生工作的相关安排。

4. 和幼儿交流

（1）呼唤幼儿的姓名，观察其反应，询问幼儿有无其他昵称。

（2）观察、了解幼儿的性格、语言能力和动作发展情况等。

（3）请幼儿挑选自己喜欢的贴纸图案。

5. 发放相关资料

（1）把幼儿挑选的贴纸图案和安排好的学号一起交给家长：①请家长和幼儿共同熟悉；②建议家长可以把幼儿可能带到幼儿园及班级的物品上都标识上幼儿的贴纸图案或幼儿的大头照和学号；③如果是衣服，尽量标识固定在统一的位置，便于幼儿寻找和辨识。

（2）把打印好的班级教师手机号等联络方式、幼儿园班级作息时间安排表等交给家长，便于及时了解、联系、交流。

（3）把班级教师和保育师的合影发给家长，请家长帮助幼儿逐步熟悉。

6. 离开前可以和幼儿合影

合影可以帮助幼儿在入园前认识、熟悉教师，减少陌生感，缓解焦虑。

（五）家访后的总结和反思

家访之后班级两位教师及时进行总结和反思，将有利于今后工作的开展，建议可从下面几点入手：

（1）记录经济便捷的家访路线，以便以后使用借鉴，包括公共交通路线、站点名称、小区出入口等。

（2）整理、汇总家长的要求和基本的教育想法，据此对家长进行简单分类。

（3）有针对性地提出自己的建议，和搭班教师及时进行沟通、交流。

（4）整理每位幼儿入园后需观察、注意的方面，便于有的放矢地开展工作，对幼儿入园后进行了解、接纳和关注。

温馨小站

信息技术的快速发展，让不同于以往入户进家"面对面"家访的线上家访应运而生。线上家访以便捷、及时、灵活的独特优势，正成为高质量家访的新形态，更是满足家园共育需求的新方式。线上家访的本质还是家访。

线上家访中教师特别需要注意的有以下一些方面。

1. 大方得体的仪容仪表

大方得体的仪容仪表可以给幼儿、家长留下好印象，也为沟通交流营造了舒适的氛围。教师可以画淡妆，整理好发型，朝气满满入镜。着装需得体大方（不穿睡衣、居家服等）。

2. 线上背景明亮整洁

线上的视频背景选择光线好（若在晚上要调节好灯光）、整洁的室内环境。也可以使用 App 中自带的虚拟背景，比如书房或会议室等。

3. 谈话内容亲切易懂

教师提前准备线上家访提纲和内容，沟通时全程使用普通话，咬字清晰，语言连贯，以日常交流的方式与家长、幼儿对话，避免使用过于专业的名词。

4. 冷静应对突发状况

若有掉线、卡顿等突发状况，不要惊慌，及时告知家长，并快速处理。

晓晓从王老师那儿一下子了解到了家访等诸多内容，同时也产生了一些疑惑，如：说了这么多，幼儿入园后分离焦虑到底有哪些表现呢？

三、幼儿入园后的分离焦虑

（一）主要表现

常见的幼儿入园分离焦虑表现主要有下面几种：

忧郁，独自哭泣，不愿接近老师和小朋友；

拒绝玩幼儿园的玩具、不参加老师组织的游戏活动；

往教室外跑；

以"绝食"示威，喂食困难，食欲下降；

大哭大闹，满地打滚；

发脾气，攻击他人；

特别依恋某种玩具或某一位成人；

入睡困难、易惊醒、乱说梦话，等等。

（二）产生原因

幼儿进入幼儿园时，是第一次长时间离开家长到一个陌生的环境中去接触新环境、新老师、新伙伴,幼儿会感到紧张,产生失落、惧怕、不安全的感觉。这时对家人的依恋感特别强,容易产生"分离焦虑"。幼儿分离焦虑产生的原因一般主要有以下四个方面。

1. 与家人较长时间的分离

婴幼儿对家人(尤其是母亲)有着强烈的依恋感。当幼儿第一次较长时间离开朝夕相处的家人,到一个完全陌生的环境生活,担心妈妈不来接(幼儿问得最多的就是"妈妈来吗?"),就会哭闹,进而产生分离焦虑。这既是幼儿对自己家人与家庭生活的依恋,也是自我保护的心理体现。

2. 生活环境和人际关系的变化

从家庭生活到集体生活,幼儿生活的内容、形式、要求都发生了重大变化。当幼儿入园后交往对象变成了陌生的老师和同伴,这就使得幼儿的安全感受到很大的冲击,而幼儿在短时间内没有经验应对这种变化,继而产生焦虑情绪。

3. 日常行为规则的改变

幼儿从家庭到幼儿园的一个显著改变就是行为规则的改变。幼儿在家庭中的活动内容、方式、范围、时间等都相对自由,行为规则比较灵活、随意,而幼儿园的一日活动内容有一定的常规和固定的要求,这对幼儿具有一定的约束力。幼儿对新环境、新规则产生不信任感和不安全感,容易出现焦虑情绪。

温馨小站

心理暗示是指人接受外界或他人的愿望、观念、情绪、判断、态度影响的心理特点,是人们日常生活中最常见的心理现象。对于幼儿来说,来自外界的心理暗示,会给他们带来很大的影响,使幼儿在意志、兴趣等方面发生变化。

积极的心理暗示,可以给幼儿带来对事物积极的认识和体验;而消极的心理暗示,则很容易使幼儿对事物产生害怕、恐惧的心理。幼儿年龄小,可塑性很强,容易接受暗示,因此,家长和教师都要注意给幼儿积极的、正确的心理暗示。

4. 家长的焦虑

幼儿的分离焦虑,除了来自上述方面的原因,还有一部分来自同样焦虑的家长。家长给予幼儿的心理暗示,在很大程度上进一步导致了幼儿分离焦虑的形成。

家长焦虑的主要表现有:

(1)犹豫。对每天是否送幼儿来园犹豫不决,态度不坚定,幼儿如果哭闹就不送了。

(2)担心。担心幼儿不熟悉幼儿园陌生的环境,不敢表达自己的基本需要。

(3)害怕。害怕幼儿在幼儿园发生安全问题,会不会受同伴的欺负,会不会生病。

(4)不安。把幼儿送到了幼儿园,自己仍不舍得离开,在门口或教室外的隐蔽位置悄悄观察幼儿的情况,焦躁不安。

(5)唠叨。在家中当着幼儿的面唠叨表达自己上述焦虑的心情。

（三）应对方法

1. 幼儿不同类型哭闹的应对策略

幼儿的分离焦虑，很多情况下是以不同类型哭闹的方式表现的，针对幼儿不同类型的哭闹，教师可以采取如下一些应对策略。

（1）不停哭闹型。

首先，可以转移幼儿的注意力，给他玩玩具，告诉他幼儿园可以认识新朋友，有很多好玩的东西，告诉他爸爸妈妈来接的具体时间；其次，多抱抱他，增强他的安全感，或是适当地冷处理，让他自己玩，当组织其他幼儿游戏时，从旁吸引他参加，给予一定关注。

（2）又哭又闹型。

这类幼儿多数性格外向，个别会比较暴躁，喜欢把不高兴发泄到外界环境上面。对这类幼儿，教师可以以讲道理为主，让幼儿认识到这样做是不对的，并注意给其关爱，适当给予鼓励和夸奖。

（3）几天后才哭的。

这类幼儿怀有对新环境向往的心态，性格大多活泼开朗，喜欢刺激，喜欢探索。教师可以利用他们的好奇心，多介绍在幼儿园他不知道的事物，带他去高年级班级参观，看看哥哥姐姐在做什么，转移他的视线是最好的方法。

（4）默默流泪型。

这类幼儿表面上没有哭，但是心里在默默流泪。教师可以多和其聊天、玩耍，建立感情，让其消除恐惧感，感觉到老师是可以随时给予帮助的朋友，慢慢熟悉幼儿园生活，从心里信任老师。这类幼儿比其他幼儿更需要关注、关爱。

（5）受人影响型。

这类幼儿易受他人影响，可以带他暂时离开教室，去户外玩耍，把他和爱哭的幼儿分开一会，等心情平静后再回到班集体。

2. 家长情绪的处理

不管幼儿还是家长产生分离焦虑都是正常的现象。但是作为家长，如果处理不好焦虑的情绪，把它传染给幼儿及周围的其他教养人，就会不利于幼儿尽快顺利适应幼儿园的新生活，不利于幼儿园正常教育教学工作的开展。因此，减轻家长的焦虑也是新生入园时应该做好的重要工作。

教师可以通过"幼儿在园情况观察表"、幼儿在园影像视频资料、入园一周家长会等方式，第一时间传递幼儿在园的情况和表现，让家长真真切切地看到、听到自己的孩子在幼儿园的生活状态，这在很大程度上可以减轻家长的焦虑，甚至让家长从新的角度看到孩子的能力和潜力，从而真正放心孩子的在园生活。

温馨小站

关于入园焦虑的你问我答①

一、幼儿上幼儿园了,但白天仍然要用纸尿裤,家长应该怎么办?

通常,幼儿学会控制大小便需经历如下过程:一学会控制大便,二学会控制小便;先是白天不尿裤子,再到晚上睡觉不尿床。

家长可以采取如下办法:

1. 可以给孩子提供适合幼儿的可爱的坐便器,使幼儿对上厕所有兴趣,觉得好玩;

2. 重点训练定时、定点大小便的习惯,如:可以饭前或饭后、睡前或睡后、外出回来等时段进行大便,大便的时候鼓励幼儿专心,不玩玩具、不吃食物;

3. 鼓励幼儿用动作、语言等不同的方式表达大小便的意愿,做到了就立即肯定。

二、幼儿习惯每天午睡的时候喝一瓶奶,现在上幼儿园了,怎么办?

1. 可以调整喝奶的时间,如:早晨起床时、下午离园时、晚上睡觉前等时段;

2. 适当增加餐点幼儿的进食量;

3. 与教师做好沟通,共同面对,在午睡时给予安抚和鼓励。

三、幼儿平时在家吃饭都是阿姨喂的,不会自己吃。上幼儿园怎么办?

对于即将入园的幼儿来说,学会使用调羹吃饭是应该而且必须掌握的一项生活自理能力,也是幼儿适应集体生活的前提条件。只是由于阿姨的长期包办代替剥夺了幼儿动手锻炼的机会,容易使幼儿错过最佳的培养期。

1. 别再让阿姨喂幼儿吃饭了;

2. 为幼儿挑选一套可爱、漂亮的小餐具,激发幼儿使用餐具的兴趣;

3. 营造良好的家庭进餐氛围,让幼儿感受与家人共进餐点的乐趣;

4. 当幼儿因为学着自己吃饭,将饭菜弄在餐桌或衣服上时,千万不要指责幼儿;

5. 可以学着陪幼儿玩一下练习使用调羹的小游戏,如:用调羹给玩具娃娃或自制的纸巾盒动物喂食物等。

---

① 王红,王忆文,汪丽.早教信箱[J].上海托幼(育儿生活),2013:7-8.本文略有改编.

第三节　插班生适应工作

虽然新学期晓晓任教的小(1)班是新班,没有插班生,但是王老师依然让晓晓思考一下:如果新学期班级里有插班生,需要做哪些适应工作?

这下可难住晓晓了,插班生的准备工作可以照搬新生的吗? 我们先来看看插班生的家访吧!

一、插班生的家访

除了新班有新生,不少老班也会在新学年有一些由于搬迁等原因新入园的适龄儿童,这就是我们通常所说的插班生。这些已不是初次入园、已有了幼儿园生活体验的幼儿,尽管少了许多对家庭的依恋,却因看着自然融合的"老生"们而多出些许"班外人"的孤寂感。因此,插班生的家访,除了和新生家访一样做好诸多准备工作以外,必须明确它的目标不同于新生家访,而是旨在发现、了解插班生的长处,开学后利用各种机会在班级展示,使其能够自信、主动地融入班级集体;同时了解插班生插班的原因:是由于搬迁等客观原因需要更换幼儿园,还是因幼儿发展或之前家园交流方面出现问题而导致换园插班? 了解幼儿的家庭背景、生活环境、亲友情况,做到心中有数,教育有的放矢。

案 例

大汗淋漓地来到岳跃家。坐下后,岳跃用一个极小的杯子倒了水,小心地递过来——我看见了一个热情的孩子;妈妈说,岳跃数学不好,他一边反驳着"好的",一边搬来一叠小书,一本一本地数到12——我看见了一个好胜好学的孩子;神秘兮兮地拉我进他的卧室,指着墙上的一只蜘蛛:"这是我的朋友"——我看见了一个内心丰富而具有想象力的孩子。(他母亲大叫:哪里来的? 他说:天天都来的。母亲大惊失色,我笑翻)好愉快!①

图1-6　一个热情好客的孩子

---

① 摘自上海学前教育网《新学期我们怎样迎新生》.

二、让插班生尽快融入班级

(一)提前感受

插班生正式入园前,可以邀请家长带着插班生在一些特定的时间段或活动时间来园到班级参与体验,这能使幼儿和家长事先了解新班级的活动安排与要求。

(二)教师悦纳

教师在班级中向全体幼儿介绍插班生,不仅介绍他的名字,还能把他的特长、爱好一并介绍给其他幼儿,让班级里的幼儿感觉老师对插班生很了解、与插班生很熟悉,这有利于班级里的幼儿从心理上接纳插班生。

案例

浩浩是我们班的插班生,到我们班才两天,我就发现他十分好动。提醒他不要跪坐在地上玩,他就哇哇大哭,说知道错了,但是过了一会儿就全忘了,又开始在地上打滚;午睡时,他很难入睡,不时地发出怪声,提醒他快睡觉,他又哇哇大哭起来,干扰了其他幼儿午睡。

晚上,我收到了一条浩浩妈妈发来的短信:"我知道班上老师很辛苦,对班级孩子照顾得很细心,但是如果不能很好地照顾到每个孩子,就都等于零! 你听说过'100 - 1＝0'吗?"看完短信,我十分吃惊,浩浩妈妈怎么会有这种想法呢? 我想到今天早晨在和浩浩妈妈交流浩浩在园情况时,由于时间较为紧张,我就直接、如实地向她反馈了浩浩上述的一些表现。

可能问题就出在这里,我不恰当的沟通方式,让浩浩妈妈产生了误会,认为我可能因为浩浩太调皮而不喜欢他。于是我立即打电话,首先向浩浩妈妈道了歉,并请她放心,我们会细致认真地照顾好每一个孩子。100 从来没有减 1,以后也绝不会减 1。并表示希望通过家园的一致努力,帮助浩浩尽快适应幼儿园的集体生活,提高自控能力。此次沟通化解了浩浩妈妈对我的误会,也得到了她的理解和配合。[①]

(三)学号安排

插班生进入到班级中,可以根据他的实际年龄在班级中的位置安排他在班级中的学号,而不是随意地让插班生延续班级里已有学号或者是把班级里离园幼儿的学号给插班生。这样不仅能让插班生感受到被班级接纳,而且可以让教师和家长清楚地知道插班幼儿在班级中的年龄大小,同时也有利于尽快了解插班生的情况和发展的状况。

---

① 摘自上海学前教育网《家长工作中的典型案例与互动策略新探》. 本文有改编.

（四）座位安排

不要把插班生都安排在一个小组内。可以通过排队（身高的高矮）、学号（学号的大小）等确定插班生所在的小组，使其可以自然地融入老生中；还可以让性格外向、活泼开朗、喜欢交往的老生与插班生坐在一起；也可以在一日活动中请老生帮助插班生熟悉环境、参加游戏活动，结成"对子"。当插班幼儿感受到这个群体中其他人愿意接纳他，他有了新的朋友、新的玩伴时，便会产生归属感。

案例

欣欣的入园适应①

欣欣入园第一天挺高兴，就像在自己家一样。可当爸爸妈妈一说"爸爸妈妈上班去了，你要听老师的话"时，他立刻就紧紧抱住妈妈；当爸爸妈妈挣脱开跑出教室时，就声嘶力竭地哭喊起来。他一个劲地往我身上爬，并使劲将我往教室外拖去。奶奶在门外实在看不下去，冲进教室强烈要求将欣欣接走，并用无奈而又恳求的语气跟老师说："我们再缓一天吧，明天再送行吗？"

欣欣表现出来的分离焦虑比较典型，而奶奶又不忍心，做出妥协，这是入园适应期最为忌讳的"三天打鱼，两天晒网"，不仅不能缓解幼儿的焦虑，反而会加重幼儿的焦虑或者延长适应期。为此，我运用了好玩的游戏帮助欣欣分散注意力，如当欣欣哭闹不休时，我就拿出一块花布盖在自己头上，问欣欣："欣欣快看，老师哪去啦？"欣欣的哭声戛然而止，好奇地看看我，再看看那块花布。当我迅速打开那块花布，重新出现在欣欣面前时，欣欣"咯咯咯……"地笑了起来。

同时，我与欣欣奶奶进行了沟通。一方面，为了能使她认识到坚持送孩子入园的重要性，我给她列举了许多例子，甚至动员身边的其他家长现身说法。另一方面，我每天在欣欣离园时，都会大声向欣欣奶奶夸奖欣欣这一天的进步之处，并且约定好如果明天还能坚持入园，就奖励给他最喜欢的天线宝宝粘贴纸。欣欣得到老师的奖励很高兴，而且还总当着奶奶的面答应老师，见此情景，奶奶也相信了欣欣是能够克服困难的，果然能坚持把孩子送入园，而且陪在旁边的时间也一天比一天短了。

思考

如果你是欣欣的老师，你会怎么做？请你评析案例中欣欣老师的做法。

---

① 摘自中国幼儿教师网《欣欣的入园适应》. 本文略有改编.

接手他班工作

晓晓发现幼儿园里有位老师刚刚产假结束回到岗位上,园长安排她接手一个大班的工作。晓晓非常庆幸不是自己中途接手这个大班,而是从小班开始带班。对此,王老师告诉晓晓,接手他班工作也是一门学问,保不准以后也会遇到,你可以先学几招,以后中途接手他班工作就不怕啦!

幼儿的成长是迅速的,一个暑假的别离孩子们就会有翻天覆地的变化,作为一名接手他班工作的新教师,为了迅速了解班级幼儿最新的状况和家长的心态,让家长在新学期开始就能接纳、认可自己,可以在明确接手他班的工作后,即与班级中原有的一名教师交流、沟通,准备家访工作。

一、新教师接手他班工作家访时应做的准备

(一)准备计划

事先准备好家访计划,主动家访,能使班级中的家长尽快了解自己,主动配合做好相关的教育工作,以达到事半功倍的教育效果。可在一个学期内有计划地安排家访,根据教师的准备、家长的需求和班级中幼儿的问题来调整家访的时间。由教师自己主动安排家访更合适、更合理、更有效。

家访的时机非常重要,在"有需要"的时候进行,最能达到教育的效果。根据需要主动家访,在新学期开始之初,把家长工作做实、做细、做稳、做踏实。

(二)明确目的

教师的每次家访都应该有明确的目的,知道需要解决的问题。一般来说,接手新班进行的家访,目的有三个:

(1)向家长了解幼儿之前在园的表现。

(2)了解幼儿家庭情况、家庭教育状况、家庭教育环境对幼儿的影响以及幼儿在家表现。

(3)与家长一起共同探讨孩子的教育。

上述三点可根据实际情况调整,每次家访目的应有所不同,侧重点也应有所不同。

(三)熟悉家长

每个家长的学历、个性脾气、职业、阅历及育儿观念都不同,对教师的家访也会存在不同的态度。哪些话该说,哪些话不该说,不能不看对象信口开河。家访前应对家长的各方面情况有所了解,尽量做到信息全面,才能掌握家访的主动权。

（四）了解幼儿

家访前,必须对接手班级的幼儿在园表现、学习习惯、兴趣爱好、同伴交往、个性、优缺点等全面掌握,家访时做到信手拈来,可大大提高家访的针对性和实效性。

（五）控制时间

家访时间的选择和控制,关系到家访的质量和有效性。在时间的选择上,切不可盲目家访,做"不速之客"。要尽可能考虑家长的职业、家庭情况,提前预约时间。提前预约是家访前不容忽视的环节,除了约定时间之外,教师还可以简单提及此次家访的重点,让家长有一个充分的准备和思考时间,以待家访时再深入探讨。家访时长宜控制在半小时到一小时之间,不妨碍家长的工作、学习和生活。

（六）清楚内容

家访谈话不是随意交谈,不能海阔天空、漫无边际,教师要在有限的时间内精心组织谈话内容,务必突出重点、分清主次,掌握好先说什么、再谈什么,不随意更改话题内容。教师在家访中,要尊重家长,谈双方都关注和感兴趣的一些教育话题,把握好整体谈话思路,使用好谈话的主动权。在家访时以鼓励、表扬为主,宜多发现幼儿的长处、闪光点,多鼓励、少埋怨,用发展的眼光看待每一个幼儿。同时注意谈话内容的互动性,教师不可"一言堂"。

二、新教师接手他班家长工作的注意事项

（一）以礼相待,不卑不亢

作为新教师,面对接手班级家长的冷淡、质疑,甚至挑剔和无理取闹都是有可能的,一定要以礼相待,进退有度,避开锋芒,放低姿态。但是在教育的问题上要不妥协,不让步,用爱心和责任对待幼儿,用悦纳和共情对待家长,从而赢得家长的尊重。

（二）耐心倾听,积极回应

作为新教师,要耐心地倾听、读懂家长的情绪以及真实的需要,把问题具体化,再逐个给予积极的回应,帮助家长提高认识、澄清事实,找到问题根源和解决方法,在愉悦状态下获得沟通的效果,达成沟通的目的。尽量避免直言相谏、明辨是非,而要做到嘴巴上吃亏、行动上领先,这不仅能解决现实问题,还能建立和保持良好的师长关系。

（三）定期与家长多沟通

新教师在学期初,同时可利用家访、多种沟通工具和途径等让家长了解自己在班里的工作角色,表达自己的心意,定期、及时反馈幼儿的学习生活情况,适时地提供一些科学指导。

同时可以有意识地尝试如下事情。

> **温馨小站**
>
> 共情又译作同感、同理心等。指的是一种能深入他人主观世界,了解其感受的能力。在与他人交流时,能进入到对方的精神境界,感受到对方的内心世界,能将心比心地体验对方的感受,并对对方的感情作出恰当的反应。

(1) 可以通过家访等,尤其是第一次的交流,形成与家长建立良好关系的开端,让家长认识你的同时,你也了解家长。

(2) 与家长的沟通中,提前做好充足的准备,注意自己的语气语态,仔细选择表达方式与用词。

(3) 当家长提出问题的时候,结合专业知识给出科学指导,如果不清楚的时候可以和家长说:"我们一起查查资料? 然后再交流?"

(4) 发现、了解家长的优点、长处等,看到并肯定家长的努力,与家长逐步建立信任关系。

(四) 微笑面对面

新教师可以在家长接送幼儿时,对家长报以轻松的微笑、点头,打招呼;家长询问幼儿在园表现时,通过话语、动作等表现出对幼儿的关注、爱心和责任心,让家长感受到教师的真心实意;还可以在家长尚未询问前,先向家长介绍幼儿在园一日的情况或特别值得交流的方面,这更容易让家长体会到教师的用心,从而接纳、信任新教师。

(五) 公平、认真、主动对待每位幼儿和家长

每个孩子对家长来说都是百分之百的。新教师做家长工作时首先要公平对待每个人,不论是幼儿还是家长,都要公正处理每件事,对于班级中的幼儿给予关爱和适宜的教育。认真对待主动来访的家长;同时,积极关心、主动联系与教师沟通比较少的家长,让每一个幼儿和家长都感受到来自教师的关注。

三、新教师接手他班工作与幼儿建立关系可以借鉴的方面

(一) 对待幼儿的态度

教师要具有亲和力。亲和力是教师让幼儿倍感亲切,乐意亲近并接受其教导的力量。亲和力作为教师的一项基本素质,要求教师对幼儿充满爱意但不放任和迁就幼儿;能正视幼儿并对其抱持适度的期望;善于发现幼儿的美,并平等地赞扬每一个幼儿。教师应通过加强自身修养,保持包容、谦虚、对幼儿充满爱意的心境,以及富有亲和力的言行方式来提高自己对幼儿的吸引力。

教师要善于用心去打动幼儿和陪伴幼儿;善于把自己当幼儿看,有童心在,乐意介入幼儿的游戏、玩耍活动,能体悟幼儿的童趣,并在日常与幼儿的交往中注意自己的仪表,善于通过细微的、富有爱意的行为举止唤起幼儿对自己的依恋,从而使自身的言行对幼儿们来说充满了吸引力,幼儿就乐意亲近教师。

(二) 与幼儿日常的交往

1. 用各种方法记忆幼儿姓名

记住幼儿的名字,是打通新教师和幼儿之间关系的一条重要通道。记住幼儿的名字,能帮助新教师尽快了解每个幼儿的特征及个性。当新教师喊出幼儿的名字时,幼儿就知道自

己被新老师关注了,更愿意在新教师面前敞开心扉,才会更开心地与新教师互动。那么,如何快速记住幼儿的名字呢?可以试试这样做:

(1)利用每天早上的来园时间,和幼儿拥抱一下,顺便记忆幼儿的名字。利用每天的点名时机和清点幼儿人数的机会(比如户外活动回教室、午餐后、午睡进卧室时和午睡离开卧室等时候),刻意记忆。

(2)利用和每个幼儿聊天的机会,记忆幼儿的名字。聊天的内容最好是关乎幼儿自身的,比如幼儿父母的情况、幼儿的喜好等。

(3)利用在活动中幼儿回答问题的机会,加强对幼儿名字的记忆。

(4)先记住班里几个名字特别的幼儿,比如名字发音比较特别或姓氏比较少见的等,这样有利于教师分批熟悉幼儿,又能帮教师快速记住幼儿的名字。

案例

自我介绍[①]

上午用完点心,我把幼儿召集到身边。自我介绍:"我姓应,这个应,让你想到了什么?"

一女孩:"樱桃!"我兴奋地应允:"是!我就是樱桃。"

男孩:"老鹰……树荫……音乐……阴沟……"我嗔怪:"我有那么脏吗?"引得大家一阵笑。

我言归正传:"我叫什么?"

"应老师!"全体幼儿答。

"记住了吧。瞧,我让大家记住了我叫什么。你有办法让我记住你叫什么吗?"

幼儿们沉静了几秒钟,一名穿裙子的女孩举手说:"我叫杨若琪,那个'杨'不是咩咩羊,而是杨柳的杨。"哦,记住了,杨柳的"杨"。

一男孩:"我不是杨柳的杨,我是太阳的'阳'。"哦,王朝阳。

敦实的男孩:"我是草头'蒋'。"那模样,让人打心眼里喜欢——蒋翊晟。

架副眼镜的男孩:"我是 maosiyuan,小毛头的毛。"毛思远。

"那叫你小毛?"

"我爸爸叫小毛。"

图1-7 "我叫杨若琪!"

① 摘自上海学前教育网《开学啦!我带大四班》.

"爸爸在他的地方叫小毛,你在你的地方叫小毛。我记住你了。"听我这么说,他乐了。

"我的名字里有个来,就是'来呀来'的'来'。"轮到我乐了:"那就叫小来来。"是卫来。

"我叫临风……小菁菁……容容……""噢,你太像一个人,小丸子!"我和幼儿轻松而投入地聊着……

这是在引发幼儿对自己名字想象的挑战中,饶有兴趣地介绍自己。这样的活动,既激活了幼儿的思维,又初步地了解了幼儿,当然也让幼儿感受了我。

可谓"一举多得"。

思考 你从应彩云老师和幼儿对自己姓名的介绍中学到了什么?

2. 掌握幼儿的基本情况

(1)对幼儿的基本情况要做到心里有数。比如:哪个幼儿比较特别,哪个幼儿家里有特殊情况,哪个幼儿有哪方面的优势等。还可以去问问一直带他们的老师。多了解一些幼儿的发展状况及特殊表现。这样,新教师就可以针对幼儿的不同特点,选择适合幼儿的方式,更好地支持幼儿发展,让每个幼儿都能从心底里喜欢新教师,信任新教师,认可新教师。

(2)记住每个幼儿的出生日期。结合班级中幼儿的学号记忆(因为学号一般是根据幼儿年龄大小来编排的),有助于了解幼儿,同时在和家长交流过程中可以方便地对照幼儿发展常模及班级幼儿整体发展水平。

3. 多和幼儿聊天

(1)利用一切可以利用的间隙时间,和幼儿聊天。在聊天的同时,新教师既了解了幼儿的基本情况,又了解了幼儿的喜好。而幼儿会因为新教师对他的特别关注,而对新教师有更好的印象,把新教师当成他的朋友,从而更愿意亲近新教师,更乐意和新教师在一起。

案例

做孩子中的一员(节选)①

法勇青老师总是坐在幼儿中间,像幼儿中的一员,唯有在进行集体教学时,才坐到

---

① 杨宗华,黄娟娟."静静地"带领孩子们成长——优秀教师法勇青的教育经验研究片段[J],学前教育,1999(3).

教师的位置上。她这样解释原因：许多教师一直觉得对幼儿不够了解，也没有时间了解，有时候与某个幼儿一整天也没讲上一句话。这固然有幼儿人数多的原因，但更重要的原因是教师总是"高高在上"。其实，幼儿与教师之间，如同成人与成人之间一样，要多谈谈、多聊聊才能相互了解，彼此间的感情才能逐渐加深，而且，通过交谈能了解幼儿心里想的东西，帮助教师提高教育的效果。如果教师总是坐在幼儿的对面，幼儿很少会主动上来与老师交谈。尤其是性格内向的幼儿，只有教师很自然地坐在他身边，随意地与他交谈，慢慢地他才能与教师建立起融洽的关系。教师坐在前面，幼儿被教育的意识就很强，就容易揣摩老师的心思，从而被动地作出反应。而教师坐在幼儿旁边，和他们一起听同伴说话，幼儿就敢讲些自己真实的想法，教师才能真正了解幼儿的内心在想些什么。

　　幼儿园的活动，有些是教师在教幼儿，那么教师就在前面演示、讲解，但有些活动是讨论，这时教师就是班级中的一个成员，不能指手画脚。这是角色的不同，一天中教师的角色应该有所变化。

思考　班级中，教师站、坐的位置及体态会怎样影响教师与幼儿的关系？

　　（2）利用来离园时间，可以向家长反馈和幼儿的聊天内容，让家长感受到教师和幼儿的亲近。

4. 用爱关注幼儿的日常生活

　　在给幼儿穿脱衣服，让幼儿注意冷暖的时候；在给幼儿分饭，让幼儿细嚼慢咽的时候；在看护幼儿午睡，让幼儿做个好梦的时候；在带幼儿游戏，让幼儿快乐无比的时候，新教师已经在幼儿的心里了。幼儿喜欢听故事、看动画片，如果新教师做好了准备，记住一些有趣的故事，看过一些幼儿喜欢的动画片，那有机会就讲给幼儿听，幼儿会非常崇拜你，而且会在心里记住这个会讲很多故事、和他一样知道动漫人物的老师。

5. 游戏——快速融入幼儿群体

　　幼儿喜欢做游戏，这是最有效的和幼儿打成一片的好方法。教师只要和幼儿一起游戏，幼儿就会喜欢，进而也就会在其他活动时，给教师最好的支持。像简单的手指游戏、丢手绢等传统的游戏，不需要做多少准备，就可以顺利开展起来。在做游戏的过程中，幼儿对教师的喜欢就会逐渐增多起来。

案 例

学着去赢得孩子的心①

新学期开始了,一切事情都在熟悉摸索中进步着。幼儿是聪敏的,他们会用自己的眼光来衡量一位老师,他们会选择自己喜欢的老师。

记得在开学的前两天,幼儿们并没有真正接纳我这位新老师。他们遇到困难会去找我的搭班老师,他们来园情绪不安不愿让我安慰,早晨来园、傍晚放学时幼儿们也大都不会主动与我打招呼。我试着问自己在工作中有何不足,是对幼儿的态度不够亲切,还是不了解幼儿的心理?或是在与幼儿的交流上存在代沟?

渐渐地,我发现,要赢得小朋友的心,光态度亲和是不够的,还要有与幼儿沟通的艺术,还需要让幼儿从内心深处认同我这位新老师。于是,我在日常活动的过渡环节中,改变了以往生硬、直白的语言,改用小儿歌、小音乐引起幼儿的兴趣,使他们乐意听从我的指令。比如,在做上课准备的时候,我会用小儿歌提醒幼儿们现在该干什么了(小椅子线上放,小朋友快快坐。小小手腿上放,小眼睛找老师,大家一起学本领)。又如,在游戏活动中,为了安抚幼儿刚入园的情绪波动,我扮演了魔术师,为我们班级的幼儿带来了精彩纷呈的魔术表演。当幼儿们看着我戴着黑色礼帽走进教室,看见大大的魔术箱,一个个都瞪大了好奇的双眼。当在幼儿"变变变"的呼唤声中,看见我变出了他们最爱的玩具和零食,幼儿们高兴极了。我也非常开心,因为在那刻我用自己的特长赢得了全班幼儿的崇拜。在之后的几次活动中幼儿们渐渐看到了新老师的本领,他们开始愿意把自己的小秘密告诉我,也会让我去帮助他们解决一些小困难。当早上幼儿来园、傍晚幼儿们离园时,看到幼儿笑着对我说:"陈老师,早;陈老师,再见。"这真是我最大的快乐,幼儿的点点进步都会是我这个做老师的骄傲。

> **思考**　作为班级中的新老师,你和幼儿交往有哪些好方法?请和同学们一起讨论交流。

案例分析

洋洋刚入园,她一进教室就哭:"我想妈妈。"妈妈一走,她就会找上一个老师,抱住大腿就要往上爬,嘴里说:"抱抱,抱抱。"老师还得做事,不可能总是抱着她,但她看到没法抱了,就跟着老师,拉着老师的手。她喜欢单独跟着一个老师或保育师,老师要是抱抱她,她就不

---

① 上海市中小学(幼儿园)课程教材改革委员会办公室.幼儿园教师成长手册[M].上海:华东师范大学出版社,2009.

哭了，或者哭得小声了，要是老师抱别的小朋友，她又会使劲地哭。

根据本单元所学内容，如果你是洋洋的老师，你会怎样处理这种情况？

主题讨论

通过第一单元的学习，如果你是一名幼儿园的教师，9月份即将任教新小班，请你思考：

1. 针对新生家访，你会做哪些准备工作？

2. 对于新生的学号，你有哪些设计思路？

3. 召开新生家长会时，你会重点强调哪些问题？

视野拓展

1. ［英］里德尔-利奇.观察：走近儿童的世界［M］.潘月娟，王艳云，译.北京：北京师范大学出版社,2008.

2. 周念丽.学前儿童发展心理学［M］.上海：华东师范大学出版社,2014.

3. 陈水平，郑洁.学前儿童发展心理学［M］.北京：北京师范大学出版社,2013.

4. 上海市中小学（幼儿园）课程教材改革委员会.上海市 0—3 岁婴幼儿教养方案（试行）.2008.

5. 高美霞.爬上豆蔓看自己［M］.北京：北京师范大学出版社,2008.

6. 王化敏.给幼儿教师的一把钥匙［M］.北京：教育科学出版社,2008.

7. ［日］黑柳彻子.窗边的小豆豆［M］.赵玉皎，译.海口：南海出版公司,2003.

8. 韩国电影《马拉松》.

9. 印度电影《地球上的星星》.

10. 中国纪录片《幼儿园》.

11. 明尼苏达州教育中心公开课《婴儿发展里程碑》.

12. 英国纪录片《The Wonderful World of Babies》.

阅读思考

1. 建议阅读马迪·金的诗歌《如果您能记住》（见下文），思考你认为幼儿还有哪些方面与我们成人不同。对此，你会为幼儿提供怎样的支持和帮助？

2. 建议阅读黑柳彻子的《窗边的小豆豆》，在其中关于小豆豆在粪池边掏钱包的那段描写中，如果你是小林校长，看到小豆豆在粪池边掏钱包，你会怎么对小豆豆说？你觉得小林校长当时内心是怎么想的？如果你是小豆豆，你对此会有怎样的感受？

如果您能记住

马迪·金

如果您能记住，
您走一步，
我要走三步才能赶上，
如果您能理解，
我观察世界的眼睛比您的眼睛矮三英尺，
如果您在我乐意的时候让我自己试试，
而不是把我推到前面或挡在后面，
如果您能满怀爱心地感受我的人生，
不剥夺我自决的需要，
那么我将长大、学习和改变；

如果您能记住，
我需要时间获得您有的生活经验，
如果您能理解，
我只讲述那些相对我的成熟程度来说有意义的事情，
如果您能在我可以时，
让我独自迈出一步，
而不是把我猛推出去或拉回来，
如果您能用您的希望感受我的生活，
而不破坏我对现实的感觉，
那么我将长大、学习和改变；

如果您能记住，
我像您一样，
失败后再试需要勇气，
如果您能理解，
我必须自己弄清我是谁，
如果您在我想要时让我自己寻找自己的路，
而不是为我选择您认为我该走的路，
如果您用您的爱感受我的人生，
而不破坏我自由呼吸的空间，
那么我将长大、学习和改变。

第二单元

窗前谁种芭蕉树
——班级环境创设

⭐ **单元概要**

　　本单元分为三个小节，第一节主要介绍了班级环境创设的概念、理论基础等；第二节介绍了班级活动区创设的策略；第三节主要阐述了班级心理环境创设的概念及其原则等。

⭐ **思政要点**

　　养成环境育人、文化育人的理念，提高审美意识，逐步形成创新意识和工匠精神。

⭐ **重点**

　　① 了解幼儿园班级环境的分类及其对幼儿发展的影响。
　　② 能有效创设良好的班级环境。

⭐ **难点**

　　① 通过班级物理与心理环境创设，了解环境建设在班级管理方面的功能，逐步具备环境创设的能力。
　　② 具有分析和解决环境创设问题的能力。

⭐ **关键词**

　　环境创设、物理环境、心理环境、师幼关系。

　　环境作为一种重要的隐形教育手段，对于幼儿的发展发挥着潜移默化的作用，"幼儿教育在本质上是一种环境的创造"。《幼儿园教育指导纲要（试行）》（以下简称《纲要》）组织与实施部分第八条明确指出："环境是重要的教育资源，应通过环境的创设和利用，有效地促进幼儿的发展。"

　　《幼儿园教师专业标准》（以下简称《专业标准》）、《学前教育专业师范生教师职业能力标准》（以下简称《能力标准》）和《幼儿园保育教育评估指南》（以下简称《评估指南》）等有关学前教师和幼儿园质量标准的文件都将环境创设作为重要内容或指标。瑞吉欧学前教育研究者也提出应将环境看作一个"可以支持社会、探索与学习的容器"，从这一理念中不难看出环境创设的重要作用。环境创设是课程设计与实施的重要因素。

　　在幼儿园班级管理中，教师将幼儿的主体地位放在首位，从幼儿的认知发展和年龄特征出发，让课程的价值在幼儿与环境的互动中得到体现——环境创设作为一种教育理念和课程模式的建构性要素，使得班级环境创设与幼儿的发展产生连接。如同李清照词中提及的窗前种植的"芭蕉树"，它是词人抒怀寄情的情感表达，环境创设也体现出教师的理念和情感，让我们和幼儿一起去感受和体会，随之共舞！

第一节 班级环境创设概论

王老师之前就让晓晓着手准备班级的环境布置,晓晓觉得这正是自己大显身手的时候,于是找来许多环境布置的参考书、各种材料……

王老师看到后,轻轻问了一句:"什么样的环境布置对幼儿发展有意义?"

晓晓愣住了,环境布置不就是为了美化下环境嘛,还与幼儿发展有关系?

一、幼儿园班级环境创设的概念

幼儿园班级环境创设,主要是指教师根据幼儿园教育的要求和幼儿身心发展规律及需要,充分挖掘和利用幼儿班级生活环境中的教育因素,创设幼儿与环境积极作用的物理和心理活动场景,把其转化为教育因素,促进幼儿身心主动发展的过程。

幼儿阶段是儿童身体发育和机能发展极为迅速的时期,也是形成安全感和乐观态度的重要阶段,教师应"创设温馨的人际环境,让幼儿充分感受到亲情和关爱,形成积极稳定的情绪情感"[1],"幼儿园的空间、设施、活动材料和常规要求应有利于引发幼儿的主动探索和幼儿间的交往。"[2]

广义的班级环境创设包括创设班级物理环境和营造班级心理环境两个方面。其中的班级物理环境包括班级空间的布局、设计与利用,活动材料的数量、种类、选择与搭配等,也可以称为班级物质环境,主要通过班级环境布置、活动区布置等来展现。班级心理环境主要表现在班级的氛围和人际关系等方面,体现在班级中的师幼关系、幼儿同伴关系、教师同事关系、师长关系等关系之中。

一般情况下,我们使用"班级环境创设"一词代替班级物理环境创设,直接与班级心理环境这一表述呼应。

温馨小站

人类既是他的环境的创造物,又是他的环境的创造者。环境给予人以维持生存的东西,并给他提供了在智力、道德、社会和精神等方面获得发展的机会。

——《联合国人类环境宣言》

温馨小站

在教育上,环境所扮演的角色相当重要,因为幼儿从环境中吸取所有的东西,并将其融入自己的生命之中。

——玛丽亚·蒙台梭利

---

① 摘自《3—6岁儿童学习与发展指南》.
② 摘自《幼儿园教育指导纲要(试行)》.

二、班级环境创设的相关理论

(一)蒙台梭利教育的环境观

1896 年,蒙台梭利成为罗马大学第一位女医学博士。她认为儿童的智力缺陷主要是教育问题,而不是医学问题。1907 年,蒙台梭利在罗马贫民区建立"儿童之家",运用独创的方法教学,收到了惊人的良好效果,在世界范围内引起了一场幼儿教育的革命。

蒙台梭利教育的环境观可用以下文字概括。

(1)环境反映生命的跃动。

(2)为儿童提供"有准备的环境":

① 提供有规律和有秩序的生活环境;

② 给予儿童自主选择的自由;

③ 提供真实与自然的环境;

④ 营造美的环境与温馨的氛围。

温馨小站

　　毫无疑问,学校拥有一个自己的"环境",一种自己的"建筑",一种自己"对空间、形状、功能的概念和使用"。

——马拉古奇

(二)瑞吉欧教育的环境观

瑞吉欧教育的目标:创造一个和谐的环境,使在这个环境中的每一位幼儿、教师都感到自在、愉悦,生活幸福。教育不是追求外在的目标,而是更多地注重内在的品质。教育要发展幼儿的创造力,使幼儿形成完满的人格。

瑞吉欧教育的环境观可从其教育取向和环境创设特色这两点得以体现。

1. 环境的教育取向

(1)环境是"第三位老师"。

(2)环境是课程设置与实施的要素。

(3)环境是幼儿与幼儿之间、幼儿与成人之间、幼儿与物之间互动的关键性因素。

(4)环境是最佳的"记录"方式之一。

2. 环境创设的特色

(1)校门口:会"说话"的展示长廊。

(2)教室:分隔的两三个活动空间。

(3)广场:点子和想法诞生的地方。

(4)工作坊:双手和心智探索的空间。

(三)华德福教育的环境观

1919 年,奥地利哲学家、教育家鲁道夫·斯坦纳以其"人智学"学说为基础,建立了世界上第一所华德福学校。华德福的教育理念认为教育应建立在对人的本质、对人与宇宙关系的深刻认识的基础上,围绕着人、社会和宇宙的和谐发展而进行,在教育过程中,把每一个人都作为一个独立的精神统一体来看待。简单地说,是一种以人为本,注重幼儿身、心、灵,注重精神整体健康和谐发展的全人教育。

华德福教育的环境观:

(1)环境是有生命感觉的美和自然的。

(2)成人在幼儿成长的环境中起重要作用。

大部分的华德福幼儿园都是混龄的,3到6岁的幼儿都在同一个教室里。从教室环境布置到教学用品和学生用品都非常考究,尽量做到自然、和谐和温馨,给予幼儿温暖、安全和爱的感觉。

(四)陈鹤琴"活教育"的环境观

陈鹤琴是我国第一个运用近代科学方法研究儿童心理、进行教育实验的教育家。他提出:"活教育"使教师"教活书、活教书、教书活",使幼儿"读活书、活读书、读书活"。核心是让幼儿从"做"中获得身心全面发展。

陈鹤琴"活教育"的环境观:

(1)为幼儿创设审美和科学的环境。

(2)以"儿童的环境"为中心的课程观:幼儿接触的自然环境和社会环境应该是课程的中心。

(3)幼稚园环境创设的原则:参与性原则、变化性原则、以幼儿为准原则。

三、班级环境创设的重要性

(一)幼儿身体方面

教师根据幼儿的兴趣和需要与幼儿一起创设班级环境,便于幼儿在班级中自由活动和行走,不用担心摔倒或碰撞物体及同伴,有助于幼儿建立空间方位感。

(二)幼儿情感方面

班级环境中各种材料、物品都摆放在固定位置,使幼儿随时可以拿取自己喜欢的材料,还能激励幼儿参与创造。同时按照动、静、干、湿进行划分,这些都能给幼儿带来安全感和对环境的控制感,有助于提升幼儿自信心和独立解决问题的能力,使幼儿知道自己的想法是重要的,也为幼儿对今后的学习充满期待奠定了基础。

(三)艺术感受方面

班级环境中的色彩、材料、光线包括声音都是经过教师精心布置的,有助于幼儿形成美感。

温馨小站

我们的一切经验均与大我——宇宙息息相关,正如我们在宇宙周而复始的运动中认识自身,宇宙也透过我们的活动展现其力量。当身为人类的我们反映出这股力量时,我们就能了解人类其实即是宇宙力量的体现。

——鲁道夫·斯坦纳

温馨小站

我们应当把幼稚园的课程打成一片,成为有系统的组织。但是这种有系统的东西应当以什么为中心呢?这当然要根据儿童的环境。

——陈鹤琴

班级环境创设案例解析

（四）社会性发展方面

教师在创设环境时考虑到幼儿与同伴的合作及小组活动的需求,提供亲密、舒适的空间,鼓励幼儿之间互动,以小组或集体的方式进行交往。

（五）支持教师工作

班级环境在满足幼儿需要的同时也能让在其中工作的教师感到舒适,并能轻松、愉悦地与幼儿一起生活、游戏,有利于教师身心愉悦地开展工作。

四、环境创设的原则

班级环境创设的原则是教师在创设幼儿园班级环境时应遵循的基本要求。这些原则贯穿于环境创设的各项工作之中。

1. 安全性原则

这一原则是指创设幼儿园班级环境应把保护幼儿的安全健康放在首位,积极主动地消除环境中可能存在的不安全因素。

2. 与教育目标一致性原则

这一原则是指环境的创设要体现环境的教育性,即环境设计的目标要符合幼儿全面发展的需要,与幼儿园以及班级教育目标相一致。

3. 发展适宜性原则

这一原则是指幼儿园班级环境创设要符合幼儿的年龄特征及身心健康发展的需要,同时也能满足有特殊需要的幼儿,促进每个幼儿全面、和谐地发展。

4. 幼儿参与性原则

这一原则是指环境的创设过程是班级幼儿与教师共同合作、共同参与的过程,幼儿有权参与和自己的生活密切相关的环境创设。

5. 开放性原则

这一原则是指创设幼儿园班级环境时应把大、小环境有机结合,形成开放的幼儿教育系统。

6. 经济性原则

这一原则是指创设幼儿园班级环境应考虑不同地区、不同条件园所的实际情况,做到因地制宜,坚持低费用、高效益,充分利用日常资源,就地取材。

五、班级环境创设的主要内容和注意点

《纲要》指出,幼儿园应为幼儿提供健康、丰富的生活和活动环境,要满足幼儿多方面发展的需求,使幼儿在快乐的童年生活中获得有益于身心发展的经验。

（一）班级环境创设的主要内容

班级环境创设主要包括：教室里的主题墙（墙面装饰）和挂饰、盥洗间的装饰、自然角的安排及走廊上的班级家长园地等。

1. 主题墙

主题墙一般是指班级环境中的墙壁，它主要是根据班级所开展的主题活动内容而设计和布置的。其作用是引领幼儿的探索学习，梳理、记录幼儿在探索中的发现和获得的经验，反馈幼儿的成长，帮助幼儿学会主动学习。

温馨小站

主题墙作为幼儿开展活动和幼儿主动参与班级环境创设的足迹呈现平台，教师在创设时要有全盘考虑的眼光，呈现的主题应该具有课程连续性。可以有三个主题安排，一个是刚刚过去的，但幼儿还有延伸或思考的活动；一个是正在进行的主题；另一个是将要进行的主题。在每一个主题中，教师要有选择地选取内容进行布置，主题要有脉络、有标题。

主题墙是课程系统的一个重要环节，是幼儿与环境、幼儿与幼儿、幼儿与教师、幼儿与家长之间交流的中介和桥梁。主题墙为幼儿提供了良好的物质和精神环境，便于幼儿间进行各种信息交流，为实现对话提供有利的条件。透过主题墙幼儿可以发现同伴的优点，形成对人和事的积极心态。通过主题墙能让教师有效地倾听幼儿的想法，为幼儿提供有针对性的引导和帮助，及时调整活动计划。透过主题墙还能让家长了解自己孩子在园期间的所作所为，不仅了解孩子的成果，也了解孩子学习的每一个过程，了解孩子在整体中的发展水平。

班级主题墙的创设，是丰富班级教育环境，优化教学手段，提高教育质量的一个重要途径。主题墙让教师走出班级环境创设的困惑；让幼儿成为班级环境创设的主人，并与环境有效地对话，成为幼儿学习的互动平台，促进幼儿的发展；让幼儿园课程成为班级环境创设的内容；让幼儿园成为一个联动的整体。因而主题墙不仅是一座架在幼儿、教师、家长三者之间的桥梁，它更是幼儿发展、幼儿园课程与班级环境创设三者的有机结合体。因此，创设一面真正能让幼儿喜欢、能积极互动，并能促进幼儿主动发展的主题墙，在我们的教育活动中是至关重要的。

温馨小站

通过幼儿思想和双手布置的环境，可使他对环境中的事物更加认识。

——陈鹤琴

2. 挂饰

教师根据班级教室的特点和开展的主题，选择适当而又安全的饰物，挂在教室屋顶或横梁上，是班级环境创设充分利用空间的一种方式。教师可以利用幼儿作品作为挂饰，展示幼

图2-1   幼儿园主题墙设计

儿不同时期、不同手法的绘画、手工艺品等。这种借物利用的做法,既不破坏物体原有的面貌,又能在此基础上加以改造,使得整个教室的环境和谐统一,真正做到富有童趣、体现自然,让环境能够与幼儿和教师形成良好的互动。

挂饰设计不应该仅仅为了满足幼儿的审美需要,还应具备一定的教育功能。如教师将废旧的席子剪成正方形,并用红色的布条和穗子修饰边框,再用不同的脸谱作品粘贴在席片中央。同时,走廊的两侧悬挂了幼儿的作品"青花瓷碗",仿佛像一个个铃铛随风飘荡,使整个走廊营造出一种经典古朴的优美意境。这样的吊饰环境与教学内容紧密结合在一起,成为教学活动的有效补充,能够引发幼儿持续的兴趣和探讨的热情。

图2-2   各种挂饰

3. 家长园地

家长园地是目前幼儿园最常见、较为传统的教育环境载体,是一种家园交流的书面形式,它是幼儿教师班级管理的常规工作内容,是家园沟通的重要渠道,在传递教师教育理念和转变家长教育观念等方面具有重要作用。家长园地的形式也在不断改进,力求多样化,变单向传输为双向交流。如请家长将幼儿在家的各种表现、进步情况,教学内容的学习、掌握

图 2-3   家长园地[①]

情况等,以便条或照片、绘画等形式,张贴在家长园地里。可开设"请您参与""畅所欲言""家长留言"等专栏,围绕家长关心的话题、班内幼儿普遍存在的突出问题展开讨论,鼓励家长畅所欲言,各抒己见,并将各自的教子经验公布在"家长园地"里。这样让家长发挥了主观能动性,弥补了教师在某个知识领域的不足,更重要的是使家长成为积极的教育合作者,增加了家园共育的机会与内容,促进了家园互动,真正做到让幼儿园里的每块墙壁都"说话"。

教师在家长园地上需要特别留意的方面:

(1)千万不要有错别字,尤其是幼儿姓名不能写错。

(2)不随意在张贴的内容上面添加、删除或涂改。

(3)及时张贴班级相关的活动内容和信息,勤更换,不滞后。

(4)撰写时措辞要贴切,语句要顺畅。

4. 盥洗室

班级盥洗室的环境创设要根据幼儿的年龄特点,以童趣化为主。这样能激起不同年龄段幼儿对于盥洗等生活活动的兴趣,同时又能使幼儿对盥洗等生活活动的方法有形象的认识,帮助幼儿模仿相应的顺序。比如,在大班幼儿的小便池上分别画上两顶款式不同的漂亮小帽子,旁边写有汉字"男"和"女",让幼儿体验和享受环境带来的乐趣。中班洗手池边用大小不同的圆点从大到小有秩序地排列,提醒幼儿自觉养成人多排队等候的好习惯,消除不安全的隐患。又如,将洗手池、水龙头设计成各种造型,为的是吸引幼儿的兴趣,让原本乏味的

---

① 图片来自合肥市铜陵新村幼儿园龙腾家园分园.

事情变得有趣和好玩,符合幼儿园幼儿的年龄特点,使幼儿每天进园后乐意做这一规定"动作",让幼儿潜移默化地养成良好的生活习惯。幼儿们能在挑选不同造型的洗手池时感知它的形状、位置、高低等,还能探索各式各样的水龙头的出水方式,在满足用动作探索的过程中发现其中的不同,发展手部动作协调性。

图 2-4　幼儿园里各种各样的洗手池

图 2-5　各种样式的水龙头(手按、手扳、脚踩、手旋)①

5. 自然角

班级环境创设中的自然角是环境创设的一个特殊角落,它是大自然的缩影,是幼儿熟悉

① 图2-4、图2-5来自上海市宝山区经纬幼儿园、宋庆龄幼儿园、奉贤区绿叶幼儿园、黄浦区思南路幼儿园.

自然、探索自然的途径之一,它可以让幼儿利用日常生活中的点滴时间进行细致的观察、探究,从而体验发现的乐趣。

自然角不是静止的物,而是让幼儿热爱生活,感悟生命的地方。

丰富多彩的自然角是幼儿了解自然界的一个小窗口,是探索周围常见动植物的有利场所。同时也是班级教育活动环境的重要组成部分。自然角里的动植物具有生命力,它们生长发展的过程具备特定的教育功能,幼儿在种植、喂养、采摘等体验活动中,观察、照顾动植物,由此激发好奇心和求知欲,培养对周围事物、现象的兴趣以及动手动脑、探究问题、观察事物等方面的能力,萌发幼儿爱护动植物、亲近自然的情感。

(二)班级物理环境创设中的注意点

班级环境创设中教师要注意满足幼儿身心发展的基本需要,适宜于班级幼儿身心发展的水平与特点,保证幼儿在班级中的安全与健康,并且符合班级的教育目标与要求。同时还要注意以下方面。

1. 视角要放低

放低视角,是指根据幼儿的年龄特点,以幼儿的眼光和需要来评判班级环境创设。

2. 成本要降低

班级环境创设的成本降低体现在两个方面:一是经济,应注重实效;二是时间与精力,不要浪费无谓的人力、物力等。要符合幼儿园所在社区文化背景与当地经济发展条件。

3. 视线要压低

压低视线,是指幼儿园班级环境的墙饰创设不能以成人视平线的高度为准界,而应以幼儿的视线和幼儿够得着为标准,能引发幼儿参与其中的活动,便于幼儿主动参与班级环境的创设。

温馨小站

有准备的班级环境应具备以下方面:

- 明亮的教室中有适合幼儿全面发展的各种活动区域。
- 有幼儿参与共同设计、布置和自主表达的空间。
- 活动空间温馨、美观、自然,带有艺术性。
- 投放的材料能体现开放性、挑战性,支持幼儿有效使用。
- 活动材料摆放井然有序,每样物品都有自己固定的位置。
- 环境与材料能反映本地区的社会、文化特点。
- 教师保持清洁、平和、高雅,有吸引力。
- 教师会观察幼儿的需要,不随意干扰幼儿,能适时地与幼儿互动。

第二节　班级活动区布置

晓晓在进行主题墙等环境布置的时候,想起暑假中培训的有关活动区布置的内容,于是请王老师重点对班级活动区进行了布置,自己一边看一边学,以便更好地领会培训中所学的要领。

一、幼儿园活动区环境的创设策略

(一)统筹规划,兼顾多方

《纲要》中明确指出:"环境是重要的教育资源,应通过环境的创设和利用,有效促进幼儿的发展。"因此,幼儿园在进行活动区环境创设过程中,要坚持充分利用环境资源,实施适合幼儿发展的教育,结合环境资源的特点与班级幼儿实际需要进行资源的开发和环境创设。

活动区创设还要遵循幼儿身心发展特点,注意色彩、空间、造型等要素之间的和谐,给人以美感,而且更要注重幼儿自身的积极参与。

教师要根据班级活动室的空间大小,考虑幼儿的人数、年龄阶段、兴趣需要、不同发展水平及日常生活经验,为幼儿创设适宜的活动区环境,同时还要考虑课程结构及班级进行的主题活动,努力做到统筹规划。

(二)与幼儿年龄特点相适宜

1. 与幼儿身心发展需要匹配

教师在进行布局时,要根据幼儿年龄及身心发展特点来创设活动区,如小班幼儿教师可以设置多个娃娃家,便于多个幼儿同时游戏,让幼儿感到亲切,更快适应幼儿园生活;大班幼儿由于抽象思维开始萌芽,可以多设置科学区等探索区满足其好奇心和求知欲。

2. 注意幼儿的身体特点和喜好

对活动区进行创设过程中,还应注意幼儿的身体特点,活动区中桌椅、柜子的高矮都应依据幼儿的身高配置,让幼儿感到舒适自如。幼儿比较活泼好动,因此,活动区之间要有足够的空间,保证行动时的安全。活动区还应是优美整洁、富有生机的地方,幼儿喜欢鲜艳的色彩,因此在对活动室进行空间布局时宜采用简洁明快的色彩,显得宽敞明亮。这种良好的活动室空间环境和氛围,才能使教师和幼儿的心理和情绪进入最佳状态。

温馨小站

对环境中文字的评量①

环境中的文字指儿童身处环境中的所有文字,包括附着或张贴在对儿童有意义的物件上的文字。这些文字的意思须与相应的物品有关,如贮藏箱标记(包含所藏物品的图画及名称)、架子挂钩上的标签、包装衣服购物袋上的文字、简单图示(如"请洗手")等。文字可以手写或印刷。如文字是教学资源的一部分(如书本、游戏、字卡),便不能视作环境中的文字,因为它们没有辅助说明文字意思的作用。针对教师而非儿童的文字亦不应计算在内。图画必须附有与图画内容相关的简单文字(如汽车海报有"车"字等、抽屉上贴有说明内容的图画及文字标签)。字体必须够大,使儿童在一定距离外仍可辨认出来。

等级	指　　标		
不足	1.1　儿童看不到附有图像的标签	1.2　环境中没有展示与儿童有关的文字	
最低标准	3.1　儿童可以见到一些附有图像的标签	3.2　儿童可以很容易看见一些附了标签的东西或物品(如:架上的标签、衣服挂钩或图画上的儿童姓名、标明"笔"或"铅笔"的容器)	3.3　有显眼的文字(如:门上的"欢迎"牌;美劳作品的题目;角落名称,如:美劳角、玩沙/玩水角等)
良好	5.1　儿童看见许多附有图像的标签,显示出一个丰富的文字环境	5.2　鼓励儿童辨认环境中的文字(如:儿童自己的姓名、食品包装、购物袋等日常用品上的文字)	5.3　鼓励儿童辨认环境中的字母(如:教师引导儿童注意他们姓名中的个别字母,或环境中其他词语的字母)
优良	7.1　与儿童讨论环境中的词语,而且经常提及儿童会产生兴趣的事物	7.2　讨论口语和书面语的关系(如:讨论如何读出儿童衣物上的文字)	7.3　除儿童姓名外,还鼓励他们辨认环境中其他字母/文字(如:标签或海报上的文字)

3. 注重营造宽松的心理氛围

陈鹤琴先生的"活教育"理论曾指出"积极鼓励胜于消极制裁"的原则。因此,教师也应特别重视幼儿心理环境的营造,在活动室空间布局的过程中与幼儿共同交流,鼓励幼儿表达

---

① [美]哈姆斯,等.幼儿学习环境评量表[M].周欣,等译.上海:华东师范大学出版社,2015.

自己的想法,从而树立幼儿的自信心;在活动区为幼儿提供一个良好的心理环境,在各个活动区中形成一种欢乐、融洽、友爱、互助的氛围,使幼儿在活动区中有积极的情感体验,促进良好学习品质的形成。

思考 针对上述关于活动区环境创设中文字的指标,你是如何思考的?

(三)开辟多种游戏区域,维持适当的空间密度

活动区的种类要能够满足幼儿兴趣和发展的需要,所以活动区创设要丰富。班级一般都设有科学区、操作区、图书区、艺术区、建筑区、音乐区、泥塑区、木工区、烹饪区、劳动区、益智区、语言区、表演区等。教师应该为幼儿创设多种活动区和提供丰富的材料,并根据班级自身的特点和条件,以及不同的季节和时间选择适宜的材料,创设适宜幼儿发展的活动区角。例如,多雨或多雾霾的季节,可以重视运动类活动区的创设,可以在室内多设置一些运动类的活动区,使幼儿有更多锻炼身体和培养个性品质的机会和时间。

在具体布局活动区角时,根据幼儿园的实际情况,可以适当设置几个班级间共享的活动区角,这样既可以节省班级室内空间,提高活动区利用率,又可以为幼儿创造与更多人交往的机会。

温馨小站

从区角活动的性质这一维度,一般可以分为三类:

一是学习性的区角活动。这类区角活动主要指向幼儿对周围环境、客观现象的认识和理解,积累生活经验与认知经验。如,生活、健康等内容与技能的学习(生活区);数概念、科学常识等内容与方法的学习(探索区);语言、美术、音乐等内容与方法的学习(表现区)等。

二是游戏性的区角活动。这类区角活动主要指向良好情感经验、社会经验的积累。如,结构区、表演区、角色区等。

三是学习与游戏融合性的区角活动。这类区角活动往往兼有学习与游戏双重功能。如,有的班级既有语言区、数学区,又有结构区、角色区等,满足幼儿(尤其是托班、小班幼儿)学习与娱乐的不同需求。

(四)选择与投放要适宜

1. 材料的选择要围绕活动区的目标

投放活动材料是实现教育目标的手段,是幼儿获得发展的媒介。教师应该根据班级幼儿的实际发展水平设置应有的目标,只有在明确目标的前提下,才能保证教师为每个幼

儿提供有效、适宜的环境刺激,然后根据教育目标去选择材料,这样才能避免材料投放的盲目性。

2. 材料投放应考虑幼儿的年龄特点

幼儿的发展具有阶段性,幼儿园应根据幼儿年龄特点来决定投放材料的难易程度,相同的内容要顾及幼儿的年龄特点,即不同年龄段材料的层次不同。例如,同为玩磁铁活动,小班幼儿可进行"动物逛公园"活动:在小动物底座上插入回形针,置于有背景的桌面上,幼儿用小磁铁动动玩玩,看哪些小动物会走路;中班幼儿则可以玩"走迷宫"活动:小磁铁牵引着"自己"(塑封照片),沿所示路线走,避免掉入"路旁陷阱";大班幼儿可进行"取回形针"活动:怎样用磁铁又快又多地将可乐瓶子里的回形针取出。另外还要考虑幼儿的兴趣,根据幼儿的兴趣爱好和身心发展需要选择活动区材料。

3. 材料的使用要考虑幼儿的主动性

幼儿是在不断地主动操作材料的过程中获得信息、积累经验和发展能力的。活动区中应便于幼儿自主选择材料、自由进行操作,保证幼儿在区域活动中能主动地摆弄和操作,才能逐步培养幼儿发现问题与解决问题的能力,为幼儿今后的发展打下良好的基础。

4. 材料选择要遵循安全性和经济性原则

安全是幼儿园一切工作的重中之重,幼儿园活动区空间布局的过程中也必须首先考虑安全性。在材料安全的前提下,依据幼儿园自身经济条件,尽量做到一物多用。可以充分利用无污染的废旧材料,如挂历纸、各种包装纸、海报、纸盒、形状特别的塑料瓶等,还可以联系家长,充分利用身边的一切资源。

二、活动区设置上应注意的问题

(1)活动区可以由幼儿根据自己的兴趣来命名,活动区之间用低矮玩具柜隔开,避免互相干扰。

(2)闹区与安静区分开,各区间通道要保持畅通无阻,但又不能遮挡幼儿和教师的视线。

(3)根据每个活动区特点,选择安排适宜的位置。

(4)根据幼儿尤其是低年龄幼儿难以理解"轮流、等待、分享、谦让"等含义的情况,可以在活动区旁边设立标记。如有的标记为脚印,幼儿入区后把鞋放在脚印上,脚印占完则表示该区不能再有人进入。(也可以尝试在有些区域不对进行游戏的幼儿人数进行限制,以免限制幼儿的自由选择;限制幼儿追求自己的兴趣,不利于他们学习解决由空间和材料引发的冲突)

(5)在玩具存放位置上设立标记,可以由幼儿决定,比如:点卡、数字卡、实物图片或幼儿学号与姓名、活动时的照片及对应文字等,同时要便于幼儿拿取和收拾摆放玩具。(这对于幼儿学习数字、认字、形成物权意识及对物品负责的态度都是有一定作用的)

图 2-6　活动区示意图①

> **思考**　请根据所学内容,评析上图各活动区设置的合理性。

① 鄢超云. 低成本有质量的幼儿园环境创设［M］. 北京:教育科学出版社,2013.

班级心理环境建设

"在每一个幼儿的心灵深处,一定都有美丽的花朵期待绽放,他需要的是来自生命的阳光。如果阳光一直没有照耀进这样的地方,那么稚嫩的花朵也许将永远不再开放。而滋养幼儿精神和生命的阳光,就来自于我们的心里。"

晓晓一踏进班级教室,看见可爱的孩子们,这句话不由自主地就浮现在脑海中……让我们一起记住这一句话吧!

一、班级心理环境的概念

班级心理环境是指教师与幼儿之间、幼儿与幼儿之间、教师与教师之间、教师与家长之间的态度、情感交流状态,一般包含班级的人际关系、心理氛围及班级文化等几个方面。班级心理环境中的人际关系,包括师幼关系、同伴关系、同事关系、干群关系、家园关系等;心理氛围是指民主还是专制、积极还是消极、自由还是束缚、接纳还是拒绝、热情还是冷漠等;班级文化,即在班级中形成的共同的价值观念和行为方式,存在于班级师生的观念及行为中,物化于班级的物质环境中。

图 2-7 班级心理环境内容及关系

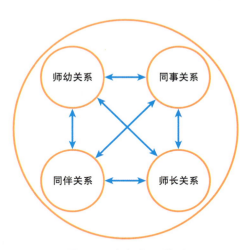

图 2-8 班级人际关系

其中班级中的人际关系是一个复杂的系统,而班级中的任何一种关系都是一个子系统,它们之间都相互影响、相互作用。同时人际关系又影响到班级中的心理氛围和班级文化,从而对于班级心理环境的建设有着举足轻重的作用。

二、班级心理环境的作用和意义

幼儿园班级心理环境不仅影响幼儿在园生活的质量,而且直接影响幼儿身心各方面的发展。随着人们物质生活水平的提高,幼儿园班级物理环境的创设越来越受到人们的重视,而幼儿园班级心理环境的作用和意义也不断凸显出来。

案例

小豆豆真是个好孩子呀![①]

关于小豆豆的情况,校长似乎已经听到了学生家长或老师们诉苦和担心的呼声。所以只要碰到机会,校长总是对小豆豆说:"小豆豆真是个好孩子呀!"倘若大人们听到这句话并仔细琢磨一下,是不难发现其中的"真"字包含着很深的含义的。也就是说,身为校长的小林老师想要告诉小豆豆的意思是:"在大人们的心目中,大家能举出各种各样的例子来说明你不是好孩子,但你真正的品质并不坏,而且有好的一面,我作为校长兼老师是完全了解这一点的呀!"遗憾的是,小豆豆理解这句话的真正含义时,已经是几十年以后的事了。不过,尽管小豆豆当时还不理解内在的含义,但有一件事确是事实,那就是在她心灵深处树立起了信心,使她确信"我是个好孩子"。而且促使她每当要干一件事时,首先就会想起校长的这句话。尽管她往往都是在事过之后才想起来,并在心里抱怨自己一句:"哎呀!怎么又忘了?"而这句在某种程度上说不定对小豆豆的一生产生了决定性影响的、至关重要的话语,在小豆豆就学于巴学园的整个期间,小林校长是一直挂在嘴上来鼓励她的。这句至关重要的话语便是:"小豆豆真是个好孩子呀!"

思考

对于小林校长对小豆豆的这句"小豆豆真是个好孩子呀!"的评价,你有哪些想法?

(一)班级心理环境对幼儿自我意识形成的作用和意义

幼儿阶段是个体生命历程发展中的第一个重要时期。幼儿在1—2岁左右开始产生自我意识,由称呼自己为"宝宝"到逐渐学会称呼自己为"我";2—3岁时,可以把自己与他人加以比较并进行简单的自我评价;4—6岁时,逐步形成了"好的我""坏的我"的参照系,能够把自己所做的和别人对他的期望进行比较。幼儿在此阶段形成的自我意识对幼儿阶段甚至一生健康人格的形成具有重要意义。而幼儿的自我发展还不完善,自我评价主要依赖于外界,依赖于日常接触的熟悉的成人,如父母、教师等,因而幼儿园班级心理环境会影响幼儿自我意识的形成。

---

① ［日］黑柳彻子. 窗边的小豆豆［M］. 赵玉皎,译. 海口:南海出版公司,2003.

温馨小站

教师要学会倾听幼儿的谈话,理解和分享幼儿的想法与情感。倾听是打开幼儿心扉的钥匙。倾听可以分为以下三种类型:

① 被动地倾听。仔细地倾听幼儿的谈话而不做任何言语反映。这种倾听方式可以传达对幼儿的接受。

② 单纯地认可。用点头、鼓励、赞同的声音等表示自己的注意和接受,以及进一步倾听的兴趣与愿望。

③ 主动地倾听。主动地理解对方的情感、意愿,在倾听的过程中分享自己的感受,并把它传达给对方。

(二)班级心理环境对幼儿人格形成的作用和意义

幼儿园的班级是幼儿离开家庭与外面世界接触的第一个环境,在这个环境中,幼儿感受到的是接纳还是排斥、压抑还是快乐、严厉还是温和,都会影响幼儿在园生活的质量,影响幼儿的发展,从而深刻影响到幼儿人格的形成。

(三)班级心理环境对幼儿形成稳定积极的情绪情感的作用和意义

幼儿一开始上幼儿园会表现出分离焦虑,如哭闹、情绪低落、退缩或攻击性强等情况,之前在家庭中已有的安全感和依恋被打破,而新的依恋和安全感还没有建立。良好的心理环境,如教师的接纳,整个班级轻松愉快的氛围,以及家长、教师的方法和态度,尤其是幼儿与他人(教师、同伴和家长)之间建立的关系,能够帮助幼儿较快地度过这一过渡时期,并奠定幼儿对幼儿园的情绪体验。《纲要》第三部分第八条指出:"教师的态度和管理方式应有助于形成安全、温馨的心理环境","环境是重要的教育资源,应通过创设并有效地利用环境促进幼儿的发展"。

温馨小站

教师与幼儿沟通,包括问候、讨论、聊天等,是师生相互了解、密切感情的重要途径。教师容易犯的错误是:

① 简单说教,教师只顾自己讲,很少考虑与顾及幼儿的感受;

② 与幼儿集体交往多于与幼儿个体交往;

③ 否定接触多于肯定接触。

巴特尔曾经说过:"爱和信任是一种伟大而神奇的力量。教师载有爱和信任的眼光,哪怕是仅仅投向学生的一瞥,幼小的心灵也会感光显影,映出美丽的图像……"作为幼儿教师,只有以自己的真情唤醒幼儿的情愫,以爱心点亮幼儿的心灯,才能为幼儿的身心健康发展创设良好的心理环境。

温馨小站

　　教师要以亲切、平等的态度与幼儿交往:一方面可以使幼儿在心理上消除对教师的隔阂和畏惧,另一方面可以使幼儿感受到教师的关注,密切师生关系与情感。教师与幼儿的交往中,切忌以居高临下的姿态对待幼儿,对幼儿发号施令,强制幼儿服从。

三、班级心理环境创设的原则

(一)关注原则

(1)不仅关注结果,也关注过程。

(2)不仅关注行为表现,也关注言语表达。

(3)不仅关注个别幼儿,也关注全班幼儿。

(4)不仅关注学习活动,也关注生活、运动、游戏。

(二)尊重原则

(1)尊重幼儿的生理需要。

(2)尊重幼儿的经验。

(3)尊重幼儿的情绪情感。

(4)让幼儿学会尊重,激发幼儿"内在"自尊。

(三)接纳原则

(1)接纳幼儿的个体差异。

(2)接纳幼儿的"错误"行为。

(四)信任原则

　　信任不是单独存在的,而是一种相互关系。信任幼儿,才能给幼儿学习的空间和机会,让幼儿形成对周围世界的信任感,帮助幼儿建立自信。

(五)赏识原则

(1)把握正确的赏识方向。

(2)注重幼儿的个体差异,做到"因材施赏"。

(3)运用适度的赏识方法。

(六)支持原则

(1)保护幼儿的天性。

(2)保护幼儿的作品。

(3)为幼儿提供有效的情感、方法和行为支持。

（七）互动原则

（1）互动的动因应从浓厚的事务性转向情感性。

（2）互动的开启及控制应从教师转向幼儿。

（3）互动的性质应从消极互动转向积极互动。

（八）自由原则

从心理学上分析,学习是个体对情景的反应,而且是积极主动的反应。真正的学习是一种自发自动的行为。

"自由"的最基本体现就是给予幼儿更多的选择。教师应坚持多给幼儿自由,减少干预。研究表明,鼓励选择可以有效促进幼儿创造性思维的发展。

（九）自主原则

这里说的自主是指自己做主、自我管理,不受他人支配。自主原则主要包含以下四点:

（1）满足幼儿自主需要,激发其学习的内部动机。

（2）合理安排活动,满足幼儿的胜任力需要。

（3）在自主探究活动中,给幼儿提供情感上的支持。

（4）利用现代教育技术为幼儿创造自主学习的机会。

温馨小站

教师在与幼儿的交往过程中,要掌握以下与幼儿沟通的基本技能和要点:

① 尊重、平等、亲切的态度;

② 多微笑;

③ 积极主动地与每个幼儿交往;

④ 蹲下来和幼儿交流;

⑤ 熟记每个幼儿的名字;

⑥ 注视幼儿,与幼儿有视线交流;

⑦ 仔细、主动地倾听;

⑧ 适当的、温柔的身体接触;

⑨ 语调自然、速度恰当;

⑩ 不出恶言恶语,不说反话。

案例

小黑是一个乐观积极、深受大家喜欢的孩子,可他说话却经常颠三倒四,令大家不知所云。于是,我们特意要求他单独完成任务,以提高他与人沟通的能力。林琳老师让小黑询问我课前要做哪些准备工作,我仔细地叮嘱小黑:"你只要将四张图画纸、四张桌子、四盒蜡笔分别放好就行了。"小黑疑惑地问我:"什么叫分别放好?"我给他解释了一番,他答应了一声:"好,我走了!"可没到一分钟,小黑又来到我的面前:"老师,我只记得分别放好,可是放啥东西呢?"我便拿出便笺,分别在上面画上了纸、桌子、蜡笔的简笔符号,小黑拿着便笺走了。望着他低头看便笺的背影,我还是有点担心。中午,林琳老师惊讶地对我说:"师傅,今天课上小黑把你的要求说得十分清楚,你教了他好多遍吗?"

我若有所悟:啊! 日常鹦鹉学舌式的语言学习,对幼儿语言发展的促进效果并不好。语言是思维的工具,只有帮助幼儿理清思维的脉络,才能有效促进幼儿的语言发展。

对一些语言交流不够流畅的幼儿,提示性的符号显然可以帮助他们整理思路,使语言表达更为有序而清晰。随着幼儿口语表达能力的提高,提示符号自然会日趋减少,而这时,幼儿的语言表达已在不断运用中自然而然地得到了发展。[①]

思考 在这个案例中,两位教师与幼儿小黑的互动对你有什么启示?

温馨小站

教育技巧的全部奥秘也就在于如何爱护儿童。

——苏霍姆林斯基

四、师幼关系的建立方法

幼儿园班级管理的成效,归根到底在于班级心理环境创设中教师与幼儿关系建立的情况。当教师与幼儿在互相尊重的基础上建立了彼此信任、安全的关系后,班级管理中涉及的所有其他关系都会逐步和谐,面对的所有问题也都将迎刃而解。因而教师在师幼关系的建立上要特别用心,慎重言行。

(一)主动关注

作为教师,我们应随时随地主动地关注每一位幼儿(做什么,为什么做,情绪如何):幼儿有什么需要,有些什么烦恼,需要一些什么帮助等。只有做好了这些,幼儿们心灵的大门才会渐渐地向教师打开。

案例

一次户外自由活动时,我发现宇宇很无聊地一个人在操场上这里站站,那里看看,自由活动好像与他无关似的。(平时宇宇的活动能力较弱,胆子较小,很少有幼儿愿意和他玩,而且他也从不主动与同伴交朋友)看到同伴玩得那么开心自在,他索性独自回教室了。在教室里,我发现他很乖地在座位上休息。那神情有些无助又有些紧张。我平静地问他:"宇宇,怎么不去玩?""他们不和我玩。""你可以去找他们玩呀!""他们说我不能干! 不想跟我玩。""谁说的啊? 那老师和你一起玩球去,怎么样?"宇宇的眼睛一亮,说:"嗯!"当我俩在操场上玩抛接球时,班级中的许多幼儿都从四面八方涌了过来,然后都投入到了我们的游戏中来。我对宇宇说:"你瞧,他们都和你一起玩了吧。"宇宇点点头笑了。[②]

---

① 应彩云. 语言,在运用中学习与发展[J]. 上海托幼,2014(12).
② 摘自小精灵网站《幼儿教师胜任班级管理工作的策略》.

思考 对于案例中的宇宇，如果你是他的老师，你会怎么做？

（二）亲力亲为

幼儿园班级教师与其他的教师不同，面对的是3—6岁的幼儿，许多事情都是幼儿力所不能及的，幼儿更需要教师的关注、支持和帮助，因此，教师在适宜的情况下针对幼儿的年龄特点和个性，多一些亲力亲为，会使幼儿更容易亲近、信任教师。

同样，幼儿喜欢的是能与他们一起游戏、活动的教师，当教师能与幼儿一起处理碰到的难题，一起分享获得成功的快乐时，幼儿自然会从心底接受、认可教师，师生之间的交往毫无疑问也会更加顺畅，关系自然和谐起来。

> **温馨小站**
>
> 主动关注幼儿，教师可以有如下一些做法：
>
> 1. 根据幼儿的要求参与幼儿的活动。
> 2. 向幼儿学习。
> 3. 活动中有意识地给幼儿支配权。

（三）潜移默化

教师自身的人格魅力，是幼儿得以依赖和信任的基石。作为幼儿教师，要保持愉悦、积极的状态，把心中的快乐撒播给身边的幼儿。教师要有一颗公正的心，班级管理中公平、正直，给幼儿幼小的心灵留下美好的回忆。或许，对教师而言是一件小得不能再小的事情，但对幼儿来说则是天大的事情，可能会成为影响幼儿一生的大事，比如前面案例中小林校长的那句"小豆豆真是个好孩子呀！"对小豆豆一生的影响。因此，日常教师与幼儿交往应该尽可能谨慎、细致，在潜移默化中建立幼儿对自己的信任。

教师以尊重的态度、愉悦的心情与幼儿交往、建立关系，幼儿就会学习以这样的方式去和同伴等交往，同时也有助于幼儿形成对学习的积极态度。

> **温馨小站**
>
> 教师可以尝试这样做：
>
> 1. 与幼儿分享自己的兴趣爱好等。
> 2. 专心地回应幼儿。
> 3. 给每个幼儿具体的反馈。
> 4. 真实、不敷衍地提出自己的问题，回答幼儿的问题（这样才是真正意义上的尊重）。

（四）注重差异

教师应关注幼儿之间的差异，每个幼儿都有自己的兴趣爱好和个性，不能一味地要求幼儿按同一目标行事，需要密切关注每个幼儿与众不同的兴趣、爱好，从幼儿的角度看问题。作为幼儿教师，应尽自己的力量，去鼓励和支持幼儿的潜能发展，一日活动中多与幼儿沟通、交流，走进幼儿的内心，鼓励、帮助幼儿，使幼儿在原有的发展水平上有较大的进步和提升，并及时与幼儿家长和班级里的其他保教人员分享。

五、帮助幼儿与同伴建立良好关系的方法

班级管理过程中,教师营造良好的班级心理环境,不仅需要教师与班级中每个幼儿建立良好的关系,同时教师更应以身作则,帮助幼儿与同伴建立良好的关系。教师可以从以下方面入手。

(一)给予充足时间

教师为幼儿创设交流互动的平台,如自由活动、区域活动等的同时,需要给幼儿提供充足的时间,比如过渡环节不催促、不高控,才能真正有利于幼儿通过各类活动发展交往能力,与同伴自然、轻松地建立良好关系。

(二)提供榜样示范

教师除了在师幼、保教人员、师长之间建立良好的关系,同时在与幼儿交往、解决幼儿冲突的过程中,可以教给幼儿一些交往的技巧,如怎样与同伴一起玩、做了错事该怎么办、商量怎样玩玩具等。

(三)按照规则活动

教师在和幼儿讨论、制定及修改规则的过程中,鼓励所有幼儿参与,向同伴表达自己的意见,让幼儿真正明白各类活动规则,知道与同伴一起活动必须遵循的规则。

(四)正确表达情绪

教师需要帮助幼儿识别自己的情绪,并能用正确的方法表达自己的情绪,与同伴进行交流、沟通,从而轻松地与同伴建立良好的关系。

六、保教人员间关系的建立

面对活泼可爱、性格各异的幼儿们,教师首先要做的是让幼儿们接纳和喜欢,这样才能引发幼儿对教师言行的关注,并乐意模仿和学习,才能利于日常保教工作的实施和班级管理工作的开展。同时也需要做到以下方面。

(一)互相尊重,互相补位

(1)班级保教人员之间要互相尊重。尤其新教师要尊重带教教师,认真观察、学习带教教师的日常言行,虚心请教,主动做好各个环节的配合和补位。同时,带教教师通过自己的带班示范,使新教师明白常规培养的目的、方法,过渡环节设置的作用。在教学方法方面,边示范边讲解,并按照"多说不如多看,多看不如多做"的原则对其进行培训。在教学实践过程中发现新教师需要改进的地方,进行及时、具体的指导。

(2)保教人员之间要互相帮助,树立彼此在幼儿心中的威信。如当着幼儿的面赞扬搭班教师唱歌非常好听,画画得真棒,是个故事大王等,使幼儿喜欢班级各位保教人员,有利于班级保教人员自然、开心地面对幼儿,从而形成班级保教人员与幼儿之间的良性互动。教师要主动、及时多和班级保育师交流、沟通,共同做好班级幼儿的保教工作和班级管理工作。

温馨小站

（1）新教师要和班上其他教师分工，有意识地分别关注不同的幼儿。

（2）把需要观察的关注点设计成表格，便于及时用简单的符号记录下来，也便于家长了解幼儿的在园情况。

（3）适时可借助数码相机或摄像机等现代化设备帮助观察，如午餐时可将相机或手机固定在适当的位置自动拍摄。

案例

周末被子带回家吗？

周五的下午下起了大雨，很多家长来接幼儿时都不约而同地询问："今天被子还要带回家吗？"

我想当然地回答："今天是周末，按照惯例，当然要带回家咯！"

有家长在旁边小声嘀咕："这么大的雨怎么带呀？"

也有的家长马上开始想办法打理自己孩子的被子。

班级保育师马老师悄悄来到我身边："这么大的雨，被子很容易就淋湿了，别让家长带回去了。"

相比较马老师的建议，我突然脸红：怎样体谅家长，怎样真正从家长和幼儿的角度出发，有时作为教师我考虑得太少了！

感谢马老师的及时提醒，我对班级的家长们建议道："雨太大了，大家就别带被子回家了，下周天气好再考虑吧！"

我能瞬间感觉到班级里的家长们如释重负，东东妈妈索性直接说了出来："我正在纠结呢！不听张老师的吧，怕张老师不开心；听吧，雨这么大，实在不知道怎么拿回家！"

（二）放大优点，展示保教人员各自的能力，建立自信

（1）每个人都怕工作中出现差错或失误，尤其刚参加工作的新教师更怕出错。班级保教人员之间要善于发现对方的闪光点，帮助同伴寻找自身的强项，放大其优点，并不断强化。例如，可以抓住领导检查工作和全体教师观摩或者家长开放活动的机会，保教人员合作展示特长和能力，获得领导和家长的信任、肯定，从而建立起工作自信和工作热情。

（2）在领导和同事面前，班级保教人员之间要多肯定、多称赞，缺点和问题则通过私下面对面沟通交流的方式解决。这样能得到领导和同事的认可，减轻压力，树立自信，有利于班级管理工作的顺利开展。

教师日常班级管理小技巧

1. 为自己准备一本便条贴,提前一天把第二天的活动用提纲的方式进行罗列,特别是自己容易忽视的事项。

2. 特别关注每个环节中幼儿的安全,如接送环节、户外运动等。

3. 多储备一些游戏,特别是有趣、操作简单的游戏,以用于随时吸引和转移幼儿的注意力。

4. 收集一些比较有效的、安慰幼儿的语句。

(三)分工合作,发挥自身优势

(1)做好家长工作的前提是架起良好的沟通桥梁。班级保教人员中的主班教师是家长所信服的人,可在家长和班级保教人员之间起到一个很好的桥梁作用,及时做好家长工作,帮助取得家长的理解与认可,屏蔽来自家长的压力,利用各种机会让班级其他保教人员在家长面前展现自我,从而得到家长的信任和肯定。

(2)班级主班教师有丰富的家长工作经验,可以利用每天与家长进行交流、沟通的时间为班级其他保教人员做示范。班级其他保教人员也要主动参与其中,然后共同讨论在解决问题中运用的方法、策略,现场及时交流和讨论,可以帮助班级其他保教人员学会更好地与家长沟通。

(3)《纲要》指出:教师在教育过程中应成为幼儿学习活动的支持者、合作者、引导者。每位班级保教人员在班级管理工作中,也应遵循这条原则,成为班级其他保教人员的支持者、合作者、引导者,建立相互信任的情感桥梁,不抱怨,不非议,交流、评价做法,为彼此的进步喝彩。

七、良好师长关系建立的方法

(一)及时发现问题,积极解决

班级管理中,教师要经常与家长互相交流、谈论幼儿在园及在家发生的值得交流的事情。例如,可以把幼儿的作品带给家长,这也为教师与家长谈论幼儿的活动和发展现状提供了话题,分享幼儿的兴趣、爱好等。要避免给幼儿及其家庭贴标签或形成刻板印象,因为这会影响对幼儿的正确评价,限制幼儿的发展,甚至对幼儿和家长而言,实际的影响远不止教师日常表面、简单的对幼儿的看法。

案例

小班新生入园已经一个多月了,滔滔的爸爸每天接送孩子时,总是冷着脸,从不主动询问孩子的在园情况,老师主动和他交流时,他也总是态度冷漠,勉强应答。

这是为什么呢？是性格如此还是对老师的工作不满意？我十分疑惑。于是我趁滔滔妈妈接孩子时向她婉转地打听原因，原来是滔滔爸爸嫌接送路程太远，觉得在哪上幼儿园都一样，方便接送就好。

听完后我陷入了沉思，看来问题出在滔滔爸爸对孩子教育的不重视和对我们工作的不理解上。怎样让滔滔爸爸了解我们的工作呢？我想到近期我们正在确定家长委员会的人选，何不让他也加入进来，让他在参与班级活动的讨论中了解教师的工作，同时也可以与其他家长委员有所交流。

第二天，滔滔爸爸来接滔滔的时候，我又热情地迎上去，在交流了滔滔的表现后，趁势提出："看得出来，您教育孩子很有经验，我们班想邀请您担任家委会委员，希望您能同意。"他先是愣了一下，接着有点不好意思地笑了笑（这是我第一次看到他的笑容），说："那……那好吧。"我立刻开心地说："太好了，谢谢您的配合！"

接下来，他按时参加了我们的家委会会议，还与家委会委员们一起策划、组织了我班的"金秋快乐亲子游"活动。渐渐地，我们都看到了他的改变——冷脸变笑脸啦！

家长表现出"冷淡"的原因有很多，老师要及时发现并积极寻找原因及对策，及时解决问题。这也提醒我们在平时的家长工作中，不能只关注那些态度热情、积极的家长，而是要注意关注全体家长，并善于发现个别家长的特殊情况，对家长的态度变化要敏感，这样才能与家长及时有效地交流、沟通，将一些误会和隐患消灭在"萌芽"之中。[①]

> **思考**　针对此案例，你会如何解决这样的情况？

（二）针对个别幼儿，主动沟通，满足需要

每个班都会有一些特别的幼儿，老师在与这些幼儿的家长交流时，很容易变成"数落罪状"，这种方式不但对幼儿没有实质性的帮助，而且还会让家长误会老师不喜欢自己的孩子，从而担心孩子在班级中得不到好的教育和照顾，导致不能配合班级的管理工作。

越是特殊的幼儿，家长越是会关注教师的态度和评价，在与这些家长沟通时，教师要表达自己的观念——相信每一个幼儿都是有能力的学习者。要从肯定幼儿身上的闪光点和进步出发，在愉快的氛围中婉转地提出幼儿的不足或需要加强的方面（如果问题较多，则分次提出，或先提出近期需要配合教育的问题），不要在意幼儿的缺陷，要重视幼儿多个方面的潜能发展，比如运用所有可利用的感官帮助幼儿探索世界，利用身边的材料和他人的帮助解决

---

① 家长难缠，教师要如何应付. 大地幼教（微信公众号）. 2014 - 06 - 13.

问题,这样家长们才有可能乐意接受和配合。

八、教师自身的心理健康的养成

教师个人情感、意志、个性特征,以及与幼儿交往的方式、教育幼儿的方法,都会对幼儿性格的形成产生潜移默化的影响。因此,教师的情绪情感管理至关重要。教师应该加强自己的情绪管理能力,了解自己的情绪变化,知道什么样的生理、心理或外部因素会影响自己的情绪,能积极应变,比较合理地处理问题,并在平时生活中进行调整。

温馨小站

幼儿园日常应该注重对教师的职业道德教育和心理疏导,这有助于教师健康心理的建设,可以采用如下一些方法:

1. 把提高教职员工情绪情感管理列入培训内容

情绪管理能力具有培养性、可塑性,幼儿园应该将员工情绪情感管理能力的培养作为一项主要内容。如多组织心理健康方面的寓理于故事情节中的教育讲座。

2. 加强对员工的人文关怀

理解教师的心理需求,管理者与教职工多一些沟通,搭建教职员工说话表达的平台,让大家有倾诉的机会,例如幼儿园建立"心桥驿站",成立"教工之家",收集教职工意见和建议,定期召开教职工代表大会等。

3. 加强积极、健康的文化建设

引导教师保持良好的心理态势,拥有"同理心""宽容之心""感恩之心",调节消极情绪、情感。激励大家与人为善,多交朋友,愉快合作。引导教师调适自己的心理,营造"与幼儿和颜悦色,与同事和衷共济,与家长和乐共处"的和谐氛围。

(一)培养一些陶冶性情的艺术类兴趣爱好

琴棋书画、唱歌、跳舞等艺术类活动给人以美的感受,培养这方面的兴趣爱好,既陶冶情操,又能抒发情感。

(二)参加各种运动或活动

健身、舞蹈、瑜伽等运动不仅可以强身健体,对调节和发泄情绪也有不小的作用,想象着坏情绪像球一样被打出去,或者随着汗水挥洒出去,会给人一种痛快的感觉。

(三)与三两个知己沟通、交流

当心情不好时,随时都能打电话或当面向知己倾诉,能得到支持和理解更好。正所谓"分享的快乐是加倍的快乐,分担的痛苦是减半的痛苦"。

(四)通过写日记来理清思绪

心理学规律显示,写在纸上的越多,积压在心里的越少。在写日记的过程中,人可以对过去发生的事进行经验总结,在理清思绪的同时可以站在更加客观的立场回顾和反思。

(五)给自己创造一个愉快的生活环境

听音乐、熏香、阅读、插花等,或者置身于一个令人心旷神怡的自然环境中,都可以从生理上、心理上来舒缓紧张的神经和情绪。①

> **思考**
>
> 谈谈你对于教师如何保持自身健康心理的建议。

案例分析

开学初,幼儿园的老师在布置环境方面会花费很多功夫,精心设计,因为投入精力很多,往往之后舍不得更换,于是经常出现班级墙饰整个学期无变化的情况,或者只是局部做了少量更动。环境创设大都还是从教师的设计和愿望出发,基本上没有考虑幼儿的兴趣、需要和现有发展水平。教师动手动脑多,幼儿动手动脑少;固定的多,变化的少;欣赏的成分多,操作互动的机会少;或是直接将幼儿的作品贴入其中,使环境创设等同于美术作品展览区等。

结合本单元内容,请你就上述情况发表自己的想法,谈谈应该如何进行班级环境的创设。

主题讨论

刚带新班,一次集体活动前,我要求幼儿将椅子摆成三排再去游戏,结果发现,孩子们总是犹犹豫豫。我心里又急又火,心想:开学这么久了,怎么还是不知道! 当我正要为幼儿示范如何摆放的时候,听到一个幼儿对同伴说:"你的椅子放得不对。你看,现在是张老师,不是李老师!"我当时心里一惊:孩子为什么这么说啊? 是不是我和李老师要求不同,所以孩子们犹豫?

请结合本单元所学内容,讨论如果是你碰到如此状况,会想到什么,会做什么。

视野拓展

1. 陈慧军,张肖芹.幼儿园环境设计与指导[M].上海:华东师范大学出版社,2013.

2. 屠美如.向瑞吉欧学什么[M].北京:教育科学出版社,2002.

3. 陈爱华,董莉莉.好生活源于好习惯[M].上海:上海教育出版社,2016.

① 李娟萍.园长如何引导教师管理情绪[N].中国教育报,2013-9-15(02).

4. 李建君.区角——儿童智慧的天地[M].上海:上海社会科学院出版社,2011.

5. 黄琼.学前教育我的梦想与追求——黄琼从教 30 年文集[M].上海:上海教育出版社,2011.

6. [法]安托万·德·圣埃克苏佩里.小王子[M].李继宏,译.天津:天津人民出版社,2018.

7. [法]弗朗索瓦兹·多尔多.儿童的利益——学会尊重孩子[M].王文新,译.上海:上海社会科学院出版社,2012.

8. [美]朱莉·布拉德.0—8岁儿童学习环境创设[M].陈妃燕,等译.南京:南京师范大学出版社,2020.

9. 戴文青.学习环境的规划与运用[M].南京:南京师范大学出版社,2005.

10. 薛烨,朱家雄.生态学视野下的学前教育[M].上海:华东师范大学出版社,2007.

11. [美]哈姆斯,等.幼儿学习环境评量表[M].周欣,等译.上海:华东师范大学出版社,2015.

12. 鄢超云.低成本有质量的幼儿园环境创设[M].北京:教育科学出版社,2013.

13. 上海市教育委员会教学研究室.上海市幼儿园办园质量评价指南(试行稿).2020.

阅读思考

1. 建议阅读洛里斯·马拉古兹的诗歌《一百种语言》(见下文),请和同学们交流你对这首诗的理解和感受及其对班级环境创设的启发。

一 百 种 语 言

马拉古兹(L.Malaguzzi)

孩子,

是由一百种组成的。

孩子有,

一百种语言,

一百双手,

一百个想法,

一百种思考、游戏、说话的方式,

一百种倾听、惊奇、爱的方式,

一百种歌唱与了解的喜悦。

一百种世界,

等着孩子们去发掘;

一百种世界,

等着孩子们去创造；

一百种世界，

等着孩子们去梦想。

孩子有一百种语言，

（还多了一百种的百倍再百倍）

但是他们偷走了九十九种。

学校和文化，

把脑袋与身体分开。

他们告诉孩子：

不要用双手去想，

不要用脑袋去做，

只要倾听不要说话，

了解但毫无喜悦，

只有在复活节与圣诞节的时候，

才去爱和惊喜。

他们告诉孩子：

去发现早已存在的世界。

而一百种当中，

他们偷走了九十九种。

他们告诉孩子：

工作与游戏，

真实与幻想，

天空与大地，

科学与想象，

理智与梦想，

都是互不相关的。

因此他们告诉孩子：

一百种并不存在。

孩子说：

不，一百种就在那里。

2. 建议阅读丽莲·凯兹《与幼儿教师对话——迈向专业成长之路》一书中有关"三轮车争夺事件"的相关内容，与同学们交流你的想法以及丽莲·凯兹的态度对你的启发。

第三单元

风吹皱一池春水
——班级一日常规

 单元概要

　　本单元分为三个小节,第一节介绍了一日常规的概念和建立原则;第二节主要介绍了一日生活常规的内容;第三节阐述了一日教育常规的内容。

⭐ **思政要点**

　　尊重幼儿年龄特点和个体差异,同时自身坚持养成良好的日常行为习惯,真正做到以身作则,身正为范。

⭐ **重点**

　　① 了解一日常规的工作内容、流程与工作技巧。
　　② 掌握在幼儿园班级管理中一日常规工作的内容。

⭐ **难点**

　　① 通过学习树立科学一日常规的理念,提高幼儿一日活动的质量。
　　② 建立班级良好的一日常规并形成教师间团结协作的工作氛围。

⭐ **关键词**

　　一日常规。

古诗词小贴士

谒金门

作者：冯延巳

风乍起，

吹皱一池春水。

闲引鸳鸯香径里，

手挼红杏蕊。

斗鸭阑干独倚，

碧玉搔头斜坠。

终日望君君不至，

举头闻鹊喜。

幼儿园班级管理的中心工作是班级一日常规的培养。一日常规的触角遍及班级管理的方方面面，这一日活动常规就像风，就像一阵暖风，如同诗句里所言"吹皱一池春水"，吹开了幼儿一日在园活动这池春水，并让幼儿们如花一般在风中绽放。

一次教学活动并不能完全体现一名教师的教育观念等，但是班级管理工作，尤其是一日常规的培养却能很好地诠释一名教师的儿童观、服务观、课程观、教育观，乃至人生观、世界观和价值观。

幼儿在园一日的生活由于教师的参与、班级管理的实施、一日常规的潜移默化，一日日丰富、精彩起来。当幼儿成长的时间因为在一起的人，尤其是教师、家长而精彩时，生活也就因此不同了，幼儿也逐渐幸福地成长起来。

第一节　一日常规

晓晓在开学的一段时间里,观摩了别的班级教师带班活动,她发现每位教师都有各自不同的带班风格,所带班级一日常规也不尽相同。但拥有好常规的班级,都不约而同地让人有赏心悦目、心旷神怡之感,一日常规建设的重要性由此可见一斑。那到底什么是"一日常规",怎样才是好的"一日常规"呢? 让我们一起进入下面的学习吧!

建立合理的班级一日常规是幼儿一日各项活动的保证。一日常规是指需要幼儿经常遵守的班级规则和规定,是幼儿在幼儿园一日生活的各种活动中应该遵守的基本行为规范。一日常规包括三方面的含义:

(1)遵守一日活动的时间及顺序的规定;

(2)遵守一日活动各环节具体要求的规定;

(3)遵守幼儿的一般行为规范的规定。

一日常规是幼儿教育的主要内容之一。印度有句谚语:"播种行为,收获习惯;播种习惯,收获性格。"一日常规的建立能推动幼儿形成良好的卫生习惯、生活习惯和行为习惯,而这些是幼儿身心健康的重要标志,是其他领域学习与发展的基础;一日常规的建立也可以促进幼儿身心健康和谐发展,有助于培养幼儿良好的情绪情感;一日常规的建立还可以帮助幼儿适应班级集体环境,有助于维持班级活动的秩序,可以帮助保教人员组织班级活动。

> **温馨小站**
>
> 《纲要》第三部分第八条:
>
> 科学、合理地安排和组织一日生活。
>
> (1)时间安排应有相对的稳定性与灵活性,既有利于形成秩序感,又能满足活动的需要;
>
> (2)尽量减少不必要的集体行动和过渡环节,减少和消除消极等待等浪费时间的现象,提高活动效率;
>
> (3)教师直接指导的集体活动要能满足绝大多数幼儿的需要;
>
> (4)建立良好的常规,减少不必要的管理行为,逐步培养幼儿的自律。

一、一日常规建立的原则

(一)建立平等的师生关系,创设宽松的环境氛围

(1)一日常规与自由是幼儿园班级管理中不可分割的两个方面。

(2)一日常规不是用来管教、限制幼儿活动的,而是用来帮助幼儿更好地在集体中生活。

(3)一日常规中隐含着自由,自由里渗透着常规。

(4)为幼儿创设宽松、民主、自由的精神环境,让幼儿在轻松自由的氛围中生活,感受教师的爱。

（5）指导幼儿参与到一日常规的制定中来，鼓励幼儿协商、讨论，不断优化班级的一日常规。

（二）制定合理的规则要求，符合幼儿的年龄特点

（1）一日常规要求应从幼儿的年龄特点出发，分阶段提出，循序渐进。

（2）小、中、大班的一日常规具有螺旋式上升的特点：一方面，各年龄阶段的常规具有一致性，体现内容的重复；另一方面，幼儿的发展具有年龄阶段性，一日常规对不同年龄的幼儿应体现规则与要求上的层次性。

案例

图3-1　拿椅子用双手

升大班了，教室空间较原来大多了，幼儿们很兴奋，拖着小椅子走东走西。

我对幼儿们说："新的教室好大，有地方让我们尽情地玩，可是，拿小椅子的时候，请你用两只手，一手椅背一手椅面地端正，这样你既不会受伤，又不会妨碍同伴。"

一个集体中的生活规则，提出时要考虑角度：拿椅子的方法，是从"拖椅子，地板、椅子会损坏"的保护物品角度提出，还是让幼儿感受自身的"安全"和"不妨碍同伴"的角度提出，哪个角度更使幼儿感同身受？

尽管"保护物品"境界比较高，但是"自身状态"更容易感知和接受。所以，规则的提出和行之有效，都取决于角度。[①]

（三）创造充分的锻炼机会，让幼儿多次实践操作

（1）充分的、多次的实践操作是建立良好班级一日常规的关键。

（2）教师应尽最大的努力创造条件，为幼儿提供在一日生活中练习的机会。教师在态度上、方式方法上，都要有足够的耐心，不能抱有"教你做、等你做太烦、太慢，不如自己做来得快、省事"的想法，这样就会不自觉地剥夺了幼儿在一日生活中实践操作的机会。

（四）提供模仿的榜样示范，努力做幼儿的表率

（1）教师做好榜样示范。幼儿期是具体形象思维时期，幼儿感受着一日生活中周围所发

---

① 摘自上海学前教育网《开学啦！我带大四班》。

生的一切,他们不仅看在眼里记在心里,还会像镜子一样在行动上一板一眼地表现出来。因此,在幼儿园的一日生活中,教师必须时时、事事、处处规范自己的言行,注意自己的举止,要求幼儿做到的,教师自己首先必须做到,努力做幼儿的表率。

> **思考**　请你试着用不同语调说出"你过来",思考其中蕴含的不同态度和情绪。

（2）幼儿同伴间的影响力同样对幼儿的发展有不可估量的作用。教师要善于利用一日生活中的点滴小事,把握好教育的时机,让幼儿向同伴学习、幼儿之间互相学习,这也是一日常规培养中的有效方法。

> **温馨小站**
> 当你能用 15 种甚至 20 种不同语调的声音对孩子说:"你过来"的时候,你就是一个有教学技巧的老师了。
> ——马卡连柯

(五) 保教人员密切配合,常规培养持之以恒

（1）教师和保育师之间密切配合、要求一致、持之以恒是做好常规工作的基础。对幼儿提出的要求不能时有时无,使一日常规不稳定,时好时坏。

（2）一日常规的培养,教师要时刻做到心中有数,常抓不懈。

> **案例**
>
> 　　记得在我做老师的第一年,我带了一个中班,由于这些幼儿都是从托班上到小班再升入中班的,所以在班级中体现了较为明显的规则意识,而且我的搭班老师也是第三年带这个班,所以很多常规都建立得很稳定。
>
> 　　我初入班时,在一些事情上有些随心所欲,就拿日常活动的环节转换来说,我今天想到要先小便再喝水,明天又说先喝水再小便。而班级的常规早就有所建立,无形之中,幼儿们体现出的就是他们一贯的做法,但有时会与我的指令相违背,这就给幼儿们造成了困扰,打破了他们的习惯,有的幼儿就会在走廊里叫"老师说先喝水再小便,是女孩子先去,不是第一组"。由此,班级一片混乱。我的搭班老师见此情状,便给我解开了谜团,说这样的现象是由于我的疏忽管理造成的,日常生活中看似很小的事情,却是值得重视的,因为良好的生活习惯,对幼儿园的孩子来说是非常重要的。而且,如果不重视常规的建立,就难以形成一个有秩序的集体环境,还会影响后续的活动。①

---

① 上海市中小学(幼儿园)课程教材改革委员会办公室.幼儿园教师成长手册[M].上海:华东师范大学出版社,2009.

(六) 做好家长工作,形成良好的教育合力

家庭是幼儿园重要的合作伙伴。教师要本着尊重、平等、合作的原则,争取家长的理解、支持和主动参与。家庭与幼儿园形成教育合力是培养幼儿一日常规的关键,有了家长的支持和配合,常规培养才能收到良好的效果。

案 例

某国外幼儿园一日常规生活安排的特色细节作息①

1. Indoor Free Play(室内自由活动)——大约早上 7:15 到 8:30

这是室内自由活动时间。

每天早上 7:15 以前,老师会把玩具布置好。通常分为几个区域:娃娃家,读书角,积木区域,涂鸦区域,玩水区域等,玩具统统摆放在幼儿能够自己拿到的地方。

小特色:

(1) 幼儿是否能够自己拿到玩具,这一点很重要,这让幼儿感觉到是自己的教室,有助于帮助幼儿从小建立自信心。

(2) 教室里玩具的布置基本上是一周换一次。这主要由幼儿的兴趣决定。如果幼儿玩了 3 天就不感兴趣了,老师也会提前更换。

(3) 自由玩的地方其实也是经过老师精心布置的。老师会观察目前幼儿对什么感兴趣,然后布置上相应的玩具。老师也会根据季节或者节日的变化而布置自由玩的区域。

(4) 同时老师还和幼儿一起玩,并观察幼儿的兴趣和发展,扩展幼儿的语言。

值得借鉴之处:

幼儿园应当重视任何时间段对幼儿游戏环境的设置,即便是早餐前的短暂时间里也是如此。

2. Snack and Activity Time(点心和老师设计的活动时间)——大约上午 8:30 到 9:00

这是早上点心时间。幼儿园鼓励幼儿在家吃早餐,早上点心主要是针对那些家长上早班,没时间在家用早餐的幼儿。

小特色:

(1) 点心之后是老师设计的活动时间,从 8:30 到 9:00。这些活动都是老师事先设计和准备好的。幼儿可以自己选择参加这个活动,还是去玩教室里其他的玩具。

(2) 每天老师至少要准备一个活动。当老师把活动准备就绪之后,她就邀请幼儿参加,如果有的幼儿对老师当天的活动不感兴趣或者对手头正在玩的玩具很感兴趣而拒绝老师的邀请,老师也不会强求幼儿参加。

值得借鉴之处:

① 摘自搜狐母婴《看看国外幼儿园一天都干嘛》。

国内幼儿园在许多环节中都会要求幼儿必须参加,幼儿可选择性少,应提供可让幼儿选择的环节,在更大程度上尊重幼儿的感受。

3. Circle Time(可以说是上课吧)——大约上午9点到10点以后

在这段时间里,老师和幼儿围成一个圆圈坐在地板上,老师通常是唱几首儿歌,读2—3本故事书,做1—2个游戏。老师上课的"道具"是老师自己制作的,这些"道具"对吸引幼儿的注意力起了很大的作用。另外,老师们也会让幼儿轮流使用"道具",以便幼儿积极参与到老师的活动中来。

小特色:

故事书如果没有幼儿听,老师会很快结束故事,跳到另外一个能吸引幼儿兴趣的游戏。老师们认为这是很正常的,幼儿的注意力集中时间很短,也很容易被其他的东西分散注意力。老师们不会强迫他们安安静静地把故事书听完。

值得借鉴之处:

国内的幼儿园里比较重视幼儿的上课时间,上课次数也偏多,可以适当增加自由玩耍时间,注重幼儿的自我构建过程。

4. Lunch(午餐)——大约中午11:30

15—30分钟的上课结束之后,老师就要求幼儿去如厕,洗手准备吃饭。

通常老师和5—8个幼儿坐一桌,老师和幼儿同桌吃饭,这有助于幼儿建立一个好的进餐习惯,老师必须起一个好的示范作用。吃饭时老师很尊重幼儿的选择。

小特色:

2岁左右的幼儿,吃起饭来手叉并用,而且撒得满地都是,但老师绝不会训斥幼儿,老师会尊重幼儿的选择。

值得借鉴之处:

在幼儿进餐问题上,应当尊重幼儿的选择,不只是让幼儿果腹而已,同时注重培养幼儿的独立性,不要只重视幼儿吃了多少,而忽视了培养幼儿自理的机会。

5. Afternoon(下午)——大约下午2点到3点以后

午餐之后幼儿午睡大约2小时。睡醒之后,吃下午点心,然后进行室外自由活动。4点左右,幼儿回教室自由活动,等待父母来接。

小特色:

父母接到幼儿,首先会问:"Do you have a fun today?"当幼儿带着满足的笑容快乐地投入家长的怀抱时,他在幼儿园里度过的快乐的一天也就结束了。

值得借鉴之处:

不要只关注幼儿在园内是否受欺负或伤害,接孩子问这些方面的问题容易使幼儿产生不愉快;应淡化这些,从乐观的方面引导幼儿。

二、一日常规的建立中重视一日活动中的过渡环节

教师在组织一日活动中,不可避免会存在一些过渡或者说是等待环节。教师应认真思考,尽量减少不必要的集体行动与过渡环节,减少和消除消极等待的现象。在幼儿一日常规的建立中,必须重视并具体落实每个过渡环节的要求和做法,才能真正做到科学地组织幼儿一日活动。

(一) 消除不必要的过渡环节,优化一日安排

从科学、合理地安排和组织幼儿一日活动的角度出发,在一日活动中区分出哪些是必要的过渡环节,哪些是不必要的过渡环节,并将不必要的环节从一日活动中删除。调整一日活动中幼儿的过渡环节,优化一日活动的安排。

(二) 充分利用、合理安排过渡环节,促进幼儿自我发展

从保证幼儿每天有适当的自主选择和自主活动时间的角度出发,尊重幼儿主体性,发挥教师主导作用,挖掘过渡环节的教育资源,丰富此环节的活动,让幼儿在自主活动中满足身心发展的需要。

(三) 避免不必要的管理,引导幼儿参与一日常规的建立

从尊重幼儿的人格和权利,尊重幼儿身心发展的规律和学习特点,关注个别差异,促进每个幼儿富有个性地发展的角度出发,教师在一日活动中尽量避免不必要的管理行为,注重引导幼儿参与一日常规的建立和逐步学习自我管理。

可以从以下几个方面考虑:

(1)合理调控活动空间,让幼儿分散活动。

(2)与主题活动相结合,让每个幼儿有事可做。

(3)以丰富的形式和内容,激发幼儿的活动兴趣。

(4)将集体活动的内容进行延伸。

图3-2   完成的幼儿先盥洗,不消极等待,且避免拥挤

如在手工制作活动中,一般幼儿之间需要的时间差别比较大,先做好的幼儿等待时间会很长,这时可以引导幼儿发现这一现象的同时讨论如何解决。例如办法之一为:幼儿可以一边利用自己制作的物品自由活动,和做好的同伴交流、讨论,互相欣赏;一边开展如厕、喝水等生活活动,这样既达到生活活动中幼儿分流的效果,又让幼儿在自由活动中充满兴趣,而不是消极等待、无所事事。

案例

美国幼儿园活动转换时间的利用及其启示①

在美国,很多教师认为,幼儿独立地从一个活动转换到另一个活动的能力是幼儿在群体生活中必须掌握的基本技能之一。当幼儿能够独立地做这些事情并更专注于他们"应该做的事情"的时候,幼儿的行为困难也就减少了。而在幼儿园班级一日管理中,幼儿经常要从一个活动转换到另一个活动,两个活动之间的时间间隔,就是活动转换时间。如幼儿从家来到幼儿园,从晨间的自由活动到集中活动,集中活动之后收拾玩具准备户外活动,活动之后吃点心等。

一、减少儿童行为困难的策略与建议

美国社会情感基础早期学习中心(Center on the Social and Emotional Foundations for Early Learning)为教师提出了一系列具体的建议:

(1)当考虑活动转换时,教师首先要问问自己:如何才能使幼儿顺利地从一个活动转换到另一个活动;在制订日计划时,是否包括了活动转换时间,幼儿在这些时间能做些什么;如果个别幼儿在活动转换时间遇到困难,教师能提供什么帮助;活动转换的次数是不是太多等。

(2)在活动转换之前进行口头提示。如还有5分钟就要吃午饭,教师提前提醒幼儿把玩具收好。

(3)活动转换之后对幼儿的表现进行正面反馈。如某个幼儿在收玩具的时候表现很好,教师就要在全班幼儿面前对他进行口头表扬。

(4)非语言的线索提示。如出示下一个活动的图片、响铃、弹一段钢琴曲等。

(5)允许幼儿独自在活动区之间转换,以免其他幼儿等待。如有的幼儿吃完点心,教师可以让他们到阅读区选择一本喜欢的书,而不必坐在旁边等候没有吃完的同伴。

(6)设计活动序列,即活动的水平是递增或者递减的,要在活跃、安静之间做好平衡。如户外运动之后是故事时间,让幼儿动静结合。

(7)鼓励能力强的幼儿帮助能力稍弱的同伴。

二、启示

1. 减少活动转换次数

教师可以制定一张时间安排表,尽量将活动转换的次数最小化,特别要减少那些需要所有幼儿一起转换的时间,而将幼儿参与活动的时间最大化,让幼儿大部分时间都参与到活动中来。教师可以把一些不必要的活动转换或删除,如把幼儿吃点心安排在小组活动时,适当增加小组活动时间,幼儿可以在小组活动时间内自由选择时间去

① 周晶.美国幼儿园活动转换时间的利用及其启示[J].幼教博览,2014(2):34—35.本文有改编.

吃点心,而不是全班幼儿集中去吃。这样幼儿就可以有时间专注于对材料的操作,教师也有了更多的时间关注个体幼儿,小组活动也因为关注了不同幼儿的兴趣和需要而更加灵活。

需要注意的是在很长的小组活动时间里,如果教师不计划一些活动,不能对参与活动的幼儿提供支持、给予个别指导,并确保这些活动可以满足个别幼儿的需要,那么较长的活动时间更有可能引起部分幼儿的行为困难。

2. 帮助幼儿学会活动转换

有时幼儿不知道活动转换时间该做什么。以洗手为例,洗手是有程序可以遵循的,但当没有轮到自己时要做什么、擦手后毛巾放在哪里等,事先需要考虑并安排好。有的幼儿需要学习在一个新的情境下洗手的程序,当幼儿不知道或者没有遵循这个程序时,教师就要考虑幼儿是不是理解了这个程序。为了帮助幼儿理解,教师应该以各种方法解释或者进行多次示范。如将描述程序的图片张贴在活动转换的地方,并对照图片进行讲解示范,这也可以帮助幼儿独立使用视觉线索。

图3-3　地上的小脚丫提示幼儿排队

视觉线索可以帮助幼儿理解在活动转换时间该做什么。教师可以有策略地在教室各个地方张贴视觉线索,如,在地板上贴上小脚丫告诉幼儿在哪里排队(见图3-3);在值日生安排表对应的内容处贴上幼儿大头照,告诉幼儿今天谁是负责哪个内容的值日生等。究竟哪种策略更适合于本班的幼儿,需要教师根据对幼儿的观察进行选择。当然,这些策略不足以解决幼儿一日生活中碰到的所有问题,还是会有部分幼儿在活动转换时间出现行为困难。这就需要教师将策略个别化,对个别幼儿采取特别的措施,以帮助他们消除行为困难,顺利地进行活动转换。

3. 让幼儿在等待的时间有事可做

有时受人数、硬件设施等因素的制约,一些活动要分批进行,这时教师可以安排或请幼儿选择一些适宜的活动让幼儿在等待的时间做。如当一部分幼儿去洗手时,另一部分幼儿可以唱一首歌或做手指游戏,而不是盲目等待、无所事事,而且这些活动幼儿参与或者结束都较为容易。

思考　当教师面对30个左右的幼儿时,如何关注到每个人的活动参与情况?可采取何种策略解决幼儿在活动转换时间出现的行为困难?

第二节 一日生活常规①

通过开学与入园新生的全天候接触,晓晓越发深刻地意识到:一日生活皆教育。对幼儿来说,一日生活是指幼儿在幼儿园的各项生活活动,既指饮食、睡眠、盥洗、来园、离园等各个日常生活环节,也包括渗透在游戏、运动和学习活动中的生活经验。其中的各项常规运用得恰当、得法,就可以让幼儿更好地适应班级生活。王老师在肯定晓晓认识的同时,鼓励晓晓有空也多多观察班级保育师李老师的言行,并用"温柔的坚持"这个词形容了李老师日常在一日生活中对幼儿的态度。

幼儿在园的一日生活就如"一日交响曲",这里的演奏人员不仅有教师、保育师及家长,更多是幼儿们自己,让我们竖起耳朵,睁大眼睛,享受每日的美妙乐章吧!

> **温馨小站**
>
> 　教育不是一篇偶尔的灵感顿生而成的论文,教育是一种行为日复一日的坚持。
>
> 　　　　——高美霞

一、来园的美妙时刻

(一) 教师的服装、心情、站位

1. 服装、面貌

穿着便于活动的服装和鞋子,可化淡妆。

2. 心情

微笑迎接幼儿,幼儿就是开心果,教师是幼儿好心情的助力器。

3. 站位

如有幼儿进班,教师应在教室门口迎接幼儿,同时兼顾教室内活动的幼儿。

(二) 在班级门口准备留言本或便条本等给家长

请家长把来不及和教师交流或者想告诉教师的事记录下来,同时充分利用网络平台,比如微信、园所 App 等,以便班级教师知晓。

(1) 留言本或便条本最好是活页的,便于整理和汇总。

(2) 当班教师浏览后与搭班教师及时交流,并向家长反馈。

(3) 搭班教师主动了解、及时跟进家长的反馈。

(4) 建议一周一汇总,如可以把当日幼儿的照片和家长留言相匹配,制作成册归档。

(三) 热情迎接幼儿的到来,及时了解幼儿情况

(1) 用充满喜悦的目光看着幼儿,让幼儿感受到教师的热情,同时注意观察幼儿外表。

---

① 本节内容参考江西教师网《幼儿园餐点活动要点》《幼儿园午睡活动要点》《幼儿园离园活动要点》等内容.本文有改动.

案例

　　早上,宝宝高兴地奔进教室,和我拥抱在一起,我开心的同时突然发现宝宝左脸庞上有个红印子,于是连忙问宝宝:"宝宝,脸上怎么有个红印子呀?"小家伙用手在脸上左摸摸右摸摸,压根不知道我说的红印子在哪里。我拉着宝宝走到教室门口,问送宝宝来园的爸爸,总算搞清楚了:红印子原来是昨天晚上宝宝和同伴玩的时候弄的。中午我把红印子的来由告诉了下午带班的搭班老师。第二天中午我接班的时候,搭班老师告诉我,多亏我昨天告诉她宝宝脸上红印子的由来,下午宝宝是奶奶接的,奶奶一看到宝宝脸上的红印子就有点不高兴了,马上想当然地认为是在幼儿园弄的,当得知原因后奶奶一个劲地赔不是。

　　(2)及时了解幼儿情况:聆听、询问、提醒。

案例

　　潇潇妈妈早上送潇潇来,苦恼地告诉我:这两天小家伙不肯洗手,想了好多办法,说了许多好话都不行。

　　看着还赖在妈妈身上不肯下来进班的潇潇,我突然明白了:"潇潇,我们去用幼儿园蓝色的洗手液洗手好吗?"

　　潇潇一听,立马从妈妈怀里挣脱下来,屁颠颠地跑向盥洗室。

　　妈妈看到这个情景,也一下明白了:我去买蓝色洗手液!

　　是的呀,还是家访的时候妈妈告诉我的:潇潇喜欢蓝色。妈妈怎么忘记了呢?

　　(3)提醒家长用好心情引领幼儿。

　　教师用好心情迎接幼儿的同时,可以通过家长会或班级微信群提醒家长,尤其是在早晨幼儿起床的时候,就把好心情传递给幼儿,帮助幼儿以愉快、积极的情绪迎接每一天。

温馨小站

　　送宝贝来上幼儿园,接宝贝回家去,看似每天最平常不过的事儿,但怎样和宝贝交流、怎样和宝贝一起共度这两小段特别的时光,却是有着大学问!

　　最基本的一个原则是:说幼儿情绪愉悦的话题,或者说能让幼儿情绪愉悦的话题。

　　比如可以这样说:

　　来园的时候:

（1）宝贝早饭吃得可好了,宝贝说说看还记得自己都吃了哪些东西啊?

（2）宝贝早上自己起床的,动作可快了! 等会到幼儿园告诉老师们。

（3）宝贝今天带了什么玩具到幼儿园啊? 你想和谁一起玩呢?

离园的时候:

（1）妈妈刚才看见你在幼儿园玩得好高兴啊! 你都和谁一起玩的啊? 玩了什么呢?

（2）你有什么开心事儿最想告诉妈妈呢?

在聊这些话题的时候,家长可以事先做一些准备,要有一些"小心机",才能保证和宝贝们聊得顺畅,宝贝们也愿意聊!

（1）了解全班宝贝的姓名、性别和基本的外貌特征,宝贝说到谁的时候,及时呼应、反馈,如:"哦! 你的好朋友是那个短头发的妹妹某某(或者个子最高的哥哥某某啊!)。"同时引导宝贝有进一步表达的意愿。

（2）通过与教师的交流或微信群、家长园地的反馈,了解班级活动、宝贝情况,在宝贝交流的时候,及时跟进、补充,让宝贝对自己的言行有感触。

（3）要有积极、愉快的情绪倾听宝贝的沟通,关注宝贝的情绪、情感,使宝贝感受到爸爸妈妈喜欢听他(她)说,同时让宝贝对幼儿园的生活产生兴趣和期待。

二、盥洗

（一）对幼儿的要求

1. 小班

（1）有便意时,能主动告诉成人。

（2）能安静、有序如厕,不在厕所逗留。

（3）便后知道请求保教人员的帮助,整理好衣裤。

（4）在保教人员的提醒下,知道便后洗手。

（5）初步学习便纸的正确使用方法。

2. 中大班

（1）在保教人员的指导、提醒下分性别如厕。

（2）会使用便纸,大便后主动冲水、洗手。

（3）如厕后主动整理好衣裤。

（二）保教人员工作要点

1. 针对小班

（1）允许幼儿按需要随时大小便,饭前、外出、入睡前等提醒幼儿如厕。

（2）掌握幼儿排便规律,及时帮助尿床、尿裤子的幼儿。

（3）帮助穿脱衣服困难的幼儿。

（4）引导幼儿学习擦屁股的正确方法。

2. 针对中大班

（1）组织幼儿分性别如厕。

（2）对幼儿如厕过程中出现的问题给予正确引导。

（3）指导幼儿便后冲厕、独立擦屁股、整理衣服。

（三）常见问题及解决策略

常见问题一：

不敢小便、不会小便，尿裤子的现象时有发生，便后不会自己提裤子、擦屁股。

解决策略：

（1）参观熟悉厕所环境。带领刚入园幼儿参观、熟悉厕所环境，介绍男孩、女孩的如厕方式。

（2）保教人员细心照顾。每次幼儿如厕时保证有一名保教人员在旁看护，随时帮助有困难的幼儿。

（3）耐心引导，不训斥，不批评，边帮边教。

常见问题二：

如厕时玩耍、打闹，便后整理衣服不到位。

解决策略：

（1）环境创设。可安装穿衣镜，或张贴正确束裤子的步骤示意图，让幼儿按图示束好裤子并对着镜子检查。

（2）及时评价和组织幼儿讨论在如厕中的表现，并正确引导。

三、餐点前的准备

（一）对幼儿的要求

（1）保持安定、愉快的情绪。

（2）认真盥洗，知道餐前洗手后，手要保持干净。

（3）靠边行走，不干扰他人的活动。

> **温馨小站**
>
> 幼儿在园的一日生活离不开盥洗，于是盥洗间就成了幼儿们在教室之外逗留时间最多、最长的室内地点，而且这里常常也是幼儿们自己的自由天地——他们会在这里交流自己看过的动画片、自己喜欢的玩具，甚至大班的幼儿还会利用盥洗的时间把准备进行的游戏角色分工都决定好了（幼儿们自己在暗箱操作哦）。

（二）保教人员工作要点

（1）消毒餐桌。

（2）组织安静的餐前活动。

（3）指导幼儿按要求盥洗。

（4）准备餐具（餐巾），领取食物，并将食物妥善放置，不离开食物，保证食物的卫生，以及幼儿的安全。

（5）创设安静、愉快的进餐环境。

（6）餐前不训斥、不批评幼儿，让幼儿有积极、愉悦的心情进餐。

（三）常见问题及解决策略

常见问题一：盥洗时，活动室内秩序乱。

解决策略：

（1）保教人员应站在盥洗室和活动室的交界处，这样既能兼顾指导盥洗室中的幼儿进行有效的盥洗，又便于观察活动室里幼儿的活动。

（2）餐前活动应选择适合在餐桌前开展的平静而舒缓的活动。如：律动、手指操、讲故事、念儿歌等，盥洗后的幼儿能随时跟进活动。小班由教师引领，中大班请个别幼儿引领活动，使等待的环节变得轻松愉悦，避免因剧烈活动或过度兴奋影响幼儿进餐质量。

（3）介绍菜品，增强幼儿的食欲。小班教师可以用生活化的语言，介绍每日午餐中的主要营养，以及这些菜品的营养作用；中班教师可以用提问的方式，引起幼儿对食物中营养的关注；大班可以由值日生播报食谱，介绍菜品。

常见问题二：等待现象突出，占用时间过长。

解决策略：

（1）保教人员有意识地请进餐较慢的幼儿先盥洗就餐。

（2）在幼儿陆续洗手后，提醒幼儿自主取餐、进餐，减少等待时间。

（3）设置餐点区域，让幼儿在完成上一环节活动后，陆续进入就餐区域取餐、进餐。

四、餐点时的组织

（一）对幼儿的要求

1. 小班

（1）自己用调羹进餐，自己动手剥鸡蛋等。

（2）不含饭、不挑食、不偏食，一口饭，一口菜。

（3）不边吃边玩。

（4）不吃掉在桌上和地上的食物。

（5）使用自己的餐巾，知道用餐巾擦嘴、擦手，不将油渍抹在衣服上。

（6）不乱丢食物残渣，知道在指定位置倾倒残渣。

（7）知道收拾自己的餐具，会对应摆放。

图3-4　创设安静、愉悦的就餐环境

2. 中大班

（1）取餐时不拥挤，知道相互避让。

（2）不边走边吃，小心端餐，不把食物弄撒。

（3）不挑食、不偏食，细嚼慢咽。

（4）能自己掌握饭量、不过量。

（5）不撒饭，不边吃边玩，不乱丢食物残渣，保持桌面、地面干净。

（6）能根据需要使用餐巾。

（7）进餐时不大声喧哗，不干扰他人用餐。

（8）能收拾餐具，在指定位置倾倒残渣。

（二）保教人员工作要点

（1）安定幼儿情绪，组织幼儿有序取餐。

（2）取放餐具、盛饭动作轻。

（3）为每位幼儿提供餐巾。

（4）提供放食物残渣的器皿，提醒幼儿不乱丢食物残渣。

（5）不训斥幼儿，不强迫幼儿进餐。

（6）提醒幼儿不含饭、不边吃边玩。托、小班幼儿可适当喂食。

（7）组织好进餐活动，提醒幼儿不喧哗、不打闹，轻拿轻放。

（8）适时巡视，提醒幼儿饭菜一起吃，并鼓励幼儿吃完自己的一份饭菜。

（9）提醒吃饭过快的幼儿要细嚼慢咽。

（10）指导幼儿正确使用餐巾、餐具（调羹、筷子、点心夹子等）。

（11）提醒幼儿收拾餐具，并分类摆放。

（三）常见问题及解决策略

常见问题一：保教人员不注重就餐氛围的营造。

解决策略：

（1）在就餐过程中播放幼儿喜爱的乐曲，音量大小适宜。

（2）缓步巡视，小声提醒进餐较慢的幼儿不边吃边玩，提醒进餐速度较快的幼儿细嚼慢咽，对有进步的幼儿及时给予鼓励。

（3）保证幼儿充裕的就餐时间，就餐时间一般为30分钟，不催促幼儿进餐。

（4）根据各班具体情况，经常调换取饭的顺序，如：吃得慢的幼儿先取餐、游戏胜利者先取餐、换组取餐、男生与女生分批取餐、同伴邀请取餐等，让幼儿感受到教师、同伴的关爱，体验就餐的乐趣。

常见问题二：幼儿不爱惜粮食。

解决策略：

（1）通过各类活动让幼儿了解粮食来之不易，向幼儿介绍食物的来源或者制作方法。

（2）在进餐中进行随机教育。

（3）鼓励幼儿尽可能吃完自己的一份食物。

常见问题三：幼儿挑食、偏食。

解决策略：

（1）采取积极有效的方式进行干预：

①家园配合，引导家长根据幼儿园作息时间调整晚餐时间；

②适当搭配能锻炼幼儿咀嚼能力的食物，如：纤维粗的青菜，瘦肉；

③通过情景游戏、故事、儿歌等，引导幼儿不挑食、不偏食。

（2）安排菜品时，除了营养合理搭配，还要注意色、香、味、形俱佳，吸引幼儿品尝。如：可以把大多数幼儿不喜欢吃的食物，通过改变形状，让幼儿易于接受，减少幼儿面对不喜欢食物而产生的畏难情绪。

（3）允许幼儿根据自己的食量和兴趣，选择适当的食物分量，鼓励幼儿少吃多盛，逐渐增加食量。

图 3-5　为幼儿准备丰富而有营养的午餐

常见问题四：幼儿不会自主进餐，自理能力差。

解决策略：

（1）小班从教使用调羹开始，让幼儿学习自己进餐。

（2）在游戏和生活中增加使用调羹的内容，帮助幼儿练习正确使用调羹的方法。

（3）保教人员注意巡视，指导幼儿自己取餐、进餐、餐后收拾餐具和食物残渣等，提高自理能力。

五、餐点后的组织

（一）对幼儿的要求

（1）认真漱口。

（2）不做剧烈运动。

（3）值日生协助保教人员做力所能及的事情。

（二）保教人员工作要点

（1）组织不少于 15 分钟的餐后安静活动，避免剧烈运动。

（2）做好午睡前的准备。

（三）常见问题及解决策略

常见问题一：餐点后不组织活动或组织剧烈运动。

解决策略：

（1）餐后不能直接午睡，教师要组织不少于 15 分钟的餐后安静活动。

（2）不组织剧烈运动，保护幼儿身体健康。

常见问题二：餐点后幼儿陆续进入活动，常常活动组织无序。

解决策略：

（1）安排相对独立的空间组织餐后安静活动，避免与进餐的幼儿相互干扰。

（2）组织宽松、自由的活动，例：同伴间进行拍手、猜拳、聊天、谈话等，也可以是幼儿自主阅读、散步、观察活动等，方便幼儿随时参与到活动中。

六、午睡前的准备和组织

（一）对幼儿的要求

1. 小班

（1）在保教人员帮助下有序如厕。

（2）在保教人员帮助下学习脱衣服、叠衣服的方法。有序摆放衣服、鞋子，养成良好的就寝习惯。

（3）学习盖被子的正确方法。

2. 中大班

（1）幼儿有序如厕。

（2）独立或同伴互助脱衣服，掌握叠衣服的正确方法。有序摆放衣服、鞋子，养成良好的就寝习惯。

（3）下铺幼儿尝试独立铺被子，掌握正确盖被子的方法。

（二）保教人员工作要点

（1）注意力集中，有序组织。

（2）各负其责，关注幼儿安全，提高幼儿自我服务的能力。

（3）关注特殊儿童，给予特别的照顾。

（三）常见问题与解决策略

常见问题一：保教人员忽略细节，易发生安全事故。

解决策略：

（1）保教人员应根据活动室布局的不同，站在相应的位置，分别进行指导，且注意力高度集中，默契配合，关注幼儿安全。

（2）提醒幼儿如厕时遵守秩序，不拥挤、不磨蹭。同时保持卫生间地面干燥，避免发生摔跤等意外事故。

（3）女孩取下皮筋、发夹等，放在固定的位置，不带细小、尖锐的物品上床。

（4）提醒幼儿在卧室内保持安静有序。有上铺的幼儿园，教师要提醒、帮助上铺幼儿在床下将外套脱下放好。

常见问题二：衣物、鞋子摆放无序、杂乱无章。

解决策略：

（1）小班以保教人员帮助为主，帮助、指导幼儿将脱下的外套叠好，并放在指定位置。中大班以幼儿自理为主，逐渐自主掌握脱、叠衣服的方法，并摆放在固定位置。

（2）鞋子摆放要整齐。可要求幼儿按同一方向整齐摆放鞋子，也可在地上贴一条线，引导幼儿将鞋子整齐摆放在线上。

（3）秋冬季节晴天午睡时，可组织幼儿将脱下的鞋子、外套等晒在阳台。

案例

　　中午的阳光温暖地洒到卧室里，孩子们一进卧室就一起感叹："好暖和啊！"几个动作快的孩子摸到自己的被子，也惊讶道："张老师，张老师，被子也是热乎乎的！"我连忙问道："那你们想不想让鞋子也热乎乎呢？""想！"刚一个"想"字集体说出口，马上就有个别声音提醒了："鞋子脱了，谁去晒呢？"龙龙、康康异口同声勇挑重担——"我来晒，我来晒！"两人还默契地相视一笑。来不及"挑重担"的只好乖乖地脱鞋睡觉，眼巴巴地看着两人进进出出把全班的鞋子拿到阳台晒起太阳来……

图3-6　晒鞋子

　　我笑看不语，两人居然想到拎着拖鞋到阳台，脱好鞋穿着拖鞋进来了！我不禁拍起手，"这个办法好！"两小鬼笑成两朵花，钻到被子里难得地一会就都睡着了，我好像听到睡梦里的笑声……

常见问题三：幼儿不会盖被子，床铺杂乱。

解决策略：

（1）用"钻山洞"等方法引导幼儿学会盖被子。小班幼儿按保教人员提示，从被头处钻入被窝，保持被褥整齐；中大班幼儿自己拉开被子，从被头处钻入，并保持被褥整齐。

（2）在幼儿睡下后，保教人员帮助幼儿适当整理被褥、衣裤等。

七、入睡时的关注和引导

（一）对幼儿的要求

（1）安静入睡。

（2）保持相对正确的睡姿（不趴着睡、不蒙头睡等），养成良好的午睡习惯。

(二) 保教人员工作要点

(1) 保持卧室的安静。

(2) 15 分钟全面巡视一次,及时发现、处理突发情况。

(三) 常见问题与解决策略

常见问题一:缺少巡视,对幼儿不良习惯及安全事故隐患关注不足。

解决策略:

(1) 要认真巡视,随时纠正幼儿的不良睡姿;对有不良习惯(如蒙头睡觉、咬指甲、嘬手指、恋物、擦腿等)的幼儿要随时关注,帮助克服。

案 例

　　皓皓在班级里最小,刚进托大班奶腔十足,第一天午睡就捏着我的胳膊肘不放,直到睡着也不愿松手。下午询问妈妈才知道:皓皓在家睡觉是必须摸着妈妈胳膊肘的,否则就睡不着(我的胳膊肘看样子和皓皓妈妈的比较接近啊)。为了让皓皓尽快适应一天的集体生活,平时我多和他亲近、聊天、抱抱、摸摸,午睡的时候我采取逐步减少皓皓摸胳膊肘的时间(搭班老师肉乎乎的胳膊肘他不摸,估计是发现和妈妈不一样),鼓励他慢慢独立入睡,直到我的胳膊肘被皓皓摸出了老茧,天气也渐渐冷起来,胳膊肘也不那么容易摸到了,皓皓也能不摸就睡着了。午睡时看着皓皓熟睡的小脸,有一种被孩子信任的感动时时会涌上我的心头……

(2) 定时巡视,保证巡视的频率,不能有丝毫疏忽。

(3) 要面向幼儿,便于随时关注幼儿的午睡状况,语言、动作要轻,手机调到静音状态,以免打搅幼儿睡眠。

(4) 对不同的幼儿应予以不同的关注和干预:

① 关注入睡后容易踢被子的幼儿,要及时帮他们盖好被子;

② 关注小便间隔短或午餐时喝汤较多的幼儿,中途可适当叫醒其如厕避免尿床。如遇到尿床的幼儿,及时清理,更换备用衣裤,不责备幼儿,保护幼儿的自尊心;

③ 关注趴着睡或者蒙头睡的幼儿,确保口鼻露在外面,正常呼吸;

④ 如果幼儿睡下后咳嗽厉害,可让幼儿喝一些温水,或者轻拍其后背帮助缓解;

⑤ 关注幼儿的脸色,如幼儿睡觉时出现发烧等不适现象,教师要及时发现,及时处理;

⑥ 关注表现异常的幼儿。如:平时特别难入睡的幼儿今天睡得特别快、有的幼儿早晨入园时身体有不适等。

常见问题二:个别幼儿没有午睡习惯,影响同伴。

解决策略：

（1）对于没有午睡习惯、较难入睡的幼儿，要稳定他们的情绪，可轻轻抚摸或轻拍其入睡，不影响其他幼儿午睡。同时和家长及时沟通，帮助幼儿逐渐养成午睡习惯。

（2）拉上窗帘、关灯，卧室的光线要适宜睡眠，不宜过暗或过亮，根据需要打开空调，营造良好的入睡氛围。

常见问题三：幼儿睡眠时间长短不一。

解决策略：

（1）对睡眠时间较短、早醒的幼儿，保教人员可要求其在床上安静休息一会，不打扰同伴。也可在不影响同伴的情况下，适当提前起床安静游戏。

（2）对睡眠时间较长、熟睡的幼儿，起床时保教人员要特别留意，可提前唤醒，督促穿衣，并及时清点幼儿人数，以免将其遗漏在卧室。

八、起床后的组织

（一）对幼儿的要求

1. 小班

（1）不恋床，能找到自己的衣裤，尝试学习自己穿衣裤和鞋子。

（2）在保教人员帮助下穿毛衣外套，学习扣纽扣、拉拉链，能分清楚鞋子的左右。遇到困难主动寻求帮助。

（3）在保教人员提醒下喝水、安静自由活动。

2. 中大班

（1）能逐渐动作熟练地穿好自己的衣裤、鞋子。

（2）同伴间互助整理，并会简单整理床铺。

（3）能自主地喝水、选择安静活动。

（二）保教人员工作要点

（1）注意力集中，有序组织。

（2）各负其责，关注幼儿安全，提高幼儿自我服务的能力。

（三）常见问题与解决策略

常见问题一：部分幼儿动作较慢，对保教人员依赖性较强。

解决策略：

（1）引导幼儿学习穿衣服的方法，鼓励幼儿自己穿衣裤，对能力弱的幼儿要多给予帮助，避免幼儿因此产生心理压力。

（2）全面分析幼儿起床动作慢的原因，区别对待，采取有针对性的方法解决问题。

常见问题二:易忽略上铺幼儿下床时的安全。

解决策略:

有上下铺的幼儿园,要让睡在上铺的幼儿了解下床的要求和方法,先下床再穿衣服,确保幼儿安全下床。

常见问题三:幼儿起床后组织无序。

解决策略:

(1) 保教人员要合理分工、默契配合。

(2) 安排床位的时候,听取幼儿的意见,安排其床铺的位置。

案例

　　午点后照例是检查幼儿们午睡起床后衣服穿戴的情况。幼儿们也轻车熟路,有的先自己检查,有的请同伴帮忙,然后到我这里来报到:我的衣服束好了! 边说边撩起外套,露出整理好的衣裤。桥桥也和其他人一样,撩起外套让我看,"咦? 桥桥你的衬衫穿了吗?"我印象中上午桥桥体锻时脱了外套,里面是件红色灯芯绒衬衫,桥桥干脆地回答我:"穿了,张老师你看这是袖子管。"对呀! 红色的袖子管是露出来了,可是前面的衬衫"实体"我怎么看不到呢? 我请桥桥把外套脱下来——真相永远只有一个! 原来,衬衫的两个袖子管是从胳膊穿进去了,但是其他部分在身后打了几个结,所以前面看不到衬衫啦!

图 3-7　离园注意事项

九、离园前准备

(一) 对幼儿的要求

(1) 在保教人员的提醒和帮助下,整理好自己的衣物(如图 3-7 所示)。

(2) 积极与同伴交流,大胆清楚地表达自己的想法和感受。

(3) 主动参与活动,乐意与他人交往,学会互助、合作和分享。

(4) 按类别整理好自己的物品。

(二) 保教人员工作要点

(1) 保教人员相互配合,帮助并鼓励幼儿尝试整理衣物。

(2) 组织幼儿进行谈话等安静活动。

(3) 组织幼儿整理物品,准备离园。

（三）常见问题及解决策略

常见问题一：保教配合不到位。

解决策略：

（1）帮助幼儿整理衣物需要保教人员相互分工配合，共同完成。

（2）保育师需准备好相关物品，如擦手巾、温水、润肤霜等，确保安全卫生。

（3）教师需提前组织好幼儿，可分小组、集体等形式有序地帮助幼儿进行整理。针对不同年龄段，小班幼儿可以保教人员整理为主，中班幼儿互相整理，大班幼儿自己整理。

常见问题二：幼儿易出现兴奋、焦虑等情绪波动，发生哭闹、唠叨、乱跑等现象。

解决策略：

（1）对幼儿进行安全教育，提醒幼儿，家长接时与保教人员打好招呼才能离开教室。

（2）组织幼儿感兴趣的活动，缓解焦虑情绪。

（3）通过观察，将家长晚接的幼儿安排在离教室门口较远的位置游戏，以免早接的幼儿影响其情绪。

常见问题三：幼儿离园时，出现错拿错放物品或衣物的现象。

解决策略：

采用提醒、帮助、鼓励等方法培养幼儿良好的取放物品的习惯。

十、集中离园

（一）对幼儿的要求

（1）将玩具、图书、小椅子等物品放回原位，带齐自己的物品。

（2）主动与保教人员、同伴道别，知道礼貌道别。

（3）不在活动室追逐打闹。

（4）不远离保教人员的视线，不独自跑到活动室外玩耍或找爸爸妈妈。

（5）不随意跟陌生人走，知道自我保护的方法。

（二）保教人员工作要点

（1）相互配合、组织有序，确保幼儿安全离园。

案例

开学一段时间，我发现云云的爷爷因为乘公交车来接云云，为了避免下班乘车高峰，总是第一个急吼吼来接云云。于是我如果是下午班，在离园最后的活动安排时，总是有意识地让云云坐到靠近教室门边的位子。这样云云第一个离开教室时，不仅摆放椅子不影响其他同伴,而且对几个家长较迟来接、情绪比较脆弱的幼儿也不会造成干扰。因而教室里常常在离园的时段也其乐融融,我也可以从容地接待早接的家长。等早接的高峰过了,又可以定定心心地陪晚接的幼儿们玩一玩。(根据家长常规接送的早晚有意识安排孩子离园时的座位)

(2)培养幼儿良好的离园常规。

(3)做好家长沟通工作,要求家长接幼儿时不要拥挤,礼貌道别。

(三)常见问题及解决策略

常见问题一:易出现漏接、错接等情况。

解决策略:

(1)加强门卫安全保障工作,遇到没有家长带领独自离园的幼儿或可疑人员必须及时干预。

(2)准备接送卡供家长使用:

① 即使家长持卡,也需再次确认家长身份,才可将幼儿交给家长;

② 无卡的陌生人,不能让其接幼儿。遇到持卡的陌生人,需与家长电话确认后,请其签名,方可将幼儿交给对方;

③ 对于保教人员比较熟悉且忘记带卡的家长,需请家长登记后,再将幼儿交给对方;

④ 针对托、小班或插班的新生,由于教师对家长不熟悉,即使有卡,教师也需询问幼儿,确认家长身份,才能将幼儿交给家长;

⑤ 如果家长将接送卡遗失,需在第一时间向园方报告,补办接送卡。

(3)不提供接送卡的幼儿园,保教人员需更加谨慎,认真核实家长身份后才可将幼儿交给家长。

(4)保教人员站位要科学。应分别站在活动室门口及活动室内,负责接待家长、组织幼儿有序离园、看护还没接走的幼儿,让幼儿尽在保教人员视线之中。如果活动室有两扇门,应关闭一扇门或保教人员分别站在两扇门门口。

常见问题二:教师与家长沟通时间过长,忽视看护其他幼儿。

解决策略:

(1)教师可和家长简短沟通,避免过长时间沟通,以免影响对其他孩子的看护。

(2)若确实有比较紧急的事情需要长时间沟通,可等到幼儿较少时再进行,或另约时间段沟通。

常见问题三:家长随意进入活动室、卧室。

解决策略：

（1）考虑幼儿的安全和卫生，提醒家长不要随意进入活动室、卧室等。

（2）幼儿园可根据情况，统一安排固定时间段让家长进入，如：在统一时间进入卧室拿取被褥等。

（3）如家长临时有特殊需求，需提前与保教人员沟通，获得保教人员的许可后方可进入。

十一、集中离园后

（一）对幼儿的要求

（1）愉快地参与活动。

（2）耐心等待家长。

（二）保教人员工作要点

（1）允许幼儿表达自己的情绪，并给予适当的引导。

（2）开展幼儿感兴趣的活动，鼓励幼儿自主选择、自由结伴。

（三）常见问题及解决策略

常见问题一：幼儿出现焦虑情绪。

解决策略：

（1）保教人员要及时关注，采取多种方法缓解幼儿的焦虑情绪。如：亲亲、抱抱幼儿，也可提供玩具、图书等，或给幼儿讲故事、一起阅读绘本等，分散幼儿注意力（见图3-8、图3-9、图3-10）。

图3-8　提供幼儿玩具　　　图3-9　用阅读分散幼儿焦虑　　图3-10　抱抱幼儿，安抚幼儿情绪

（2）还可与幼儿聊天，与幼儿讨论一日活动，对其好的表现进行表扬、鼓励，让幼儿更多感受到教师的关爱。

（3）请幼儿做一些力所能及、为集体服务的事情，比如：整理班级桌椅，为自然角植物浇水等。

常见问题二:教师放任幼儿活动或让幼儿枯燥等待。

解决策略:

(1) 可让幼儿自主选择游戏,也可组织开展规则游戏等,做到既吸引幼儿积极参与,又不会被轻易打断无法进行。每日内容尽量不要重复,可多种游戏交替进行。

(2) 通过谈话等多种形式,了解幼儿个体差异,开展个别教育。

十二、晚托

(一) 对幼儿的要求

在值班教师安排下,耐心等待家长。

离园保教人员
工作要点解析

(二) 保教人员工作要点

(1) 做好晚托幼儿交接工作,确保幼儿全部安全接走。

(2) 组织较安静的活动,安抚幼儿情绪。

(三) 常见问题及解决策略

常见问题一:晚托时间、场地等安排不合理。

解决策略:

(1) 安排固定晚托值班室,值班室最好离幼儿园大门比较近,便于家长接幼儿。

(2) 可采取教师轮流值班,避免值班周期过长。

(3) 建议在离园活动开始半小时后再安排晚托,也可以根据各园的实际情况确定晚托时间。

常见问题二:带班教师与值班教师交接不到位。

解决策略:

(1) 认真做好交接班工作。包括详细交代幼儿班级、姓名、家长姓名和联系电话等,且带班教师和值班教师分别签字,明确责任。

(2) 家长来接时,要求家长填写姓名和时间,值班教师确认家长身份后,才可让家长接幼儿。

常见问题三:幼儿长时间没有人来接。

解决策略:

(1) 值班教师需主动与家长取得联系。

(2) 如有需要,教师也可将幼儿送回家。

(3) 不能将幼儿一个人留在园内,或是交给他人照看。

(4) 建议家长如果是事先知道当天有可能晚接幼儿,就早点和幼儿交流,说明情况,尽量让幼儿理解、接受,这可以让幼儿早一点有心理准备来面对家长晚接的情况。

　　一日生活常规对幼儿的学习与发展有重要的支持作用,幼儿一日生活的各个环节蕴含着幼儿学习与发展的契机,保教人员要善于在一日生活中发现幼儿的学习能力,相信幼儿,了解、感悟和体会不同年龄段幼儿的不同能力和水平,把一日生活中更多的自主还给幼儿,让幼儿参与到班级管理的过程中来。

第三节 一日教育常规

幼儿在园的每一天虽然看似很平淡,但细细回味总让晓晓百般滋味在心头,尤其是和王老师、李老师一起"温柔地坚持",让晓晓进一步体会到"以幼儿发展为本"的理念所倡导的核心,那就是要从生活习惯、规则意识、学习能力、情感意识等诸多方面为幼儿的发展奠定基础,为幼儿不断适应社会所需要的能力给予支持和帮助。

一、幼儿园一日教育活动的理念

幼儿园一日教育活动的理念,就是幼儿园的一日教育要注重学习内容的生活化和游戏化,采用自主、开放的学习方式和发展性评价、过程性评价的评价方式,让幼儿在学习中感悟快乐,在游戏中感悟快乐,在同伴交往中感悟快乐,在成人爱护中感悟快乐,在教师的尊重和宽容中感悟快乐。

温馨小站

儿童的世纪要通过两种方法来实现。首先是成人要理解孩子的特质,其次是成人的内心要永远保持孩子那份纯真。

——爱伦·凯

二、一日教育活动常规的内容

(一)学习[①]

1. 对幼儿的要求

(1)小班:

① 愿意参与活动,对活动有兴趣。

② 初步养成倾听习惯。

③ 能集中一定时间的注意力。

④ 在活动中,经过保教人员引导帮助,愿意参与观察、操作等活动,并愿意表达。

(2)中大班:

① 参与活动的积极性、主动性逐步提高。

② 逐步养成良好的倾听习惯。

③ 注意力集中时间逐步延长。

④ 能主动参与探索、操作、讨论等活动,表达能力逐步提高,愿意与同伴分享、合作。

---

① 摘自《幼儿园教学活动、室内游戏活动要点》. 江西教师网:http://www.jxteacher.com. 本文有改动。

案 例

　　早晨的户外活动第一次由实习老师来带领孩子们进行。我在旁边一边观察记录实习老师的情况,一边能有更多的机会观察孩子们的言行。孩子们有的在玩板球,可是板球上连接球的线很多都断了。

　　翔翔不仅找到了适合的球,而且在我指导下安装好了球,同伴们羡慕地看着他,纷纷尝试着找起球来。

　　阳阳安静地坐在草坪边上的木凳上,认真地低着头做着什么。我走过去一看,原来阳阳在自己试着把板球上的橡皮筋从球的洞眼里穿过去!阳阳试了一次又一次,橡皮筋从第一个洞眼进去了,可是就是不从第二个洞眼里出来!我替阳阳捏把汗:"别着急!"但没有伸手立刻帮她。翔翔也发现了阳阳的努力,跑过去告诉她:"张老师很聪明的,好不容易才帮我穿好的!"(言下之意:这个很难的!)阳阳一点不为所动,继续专注地做着!(不管是否成功,我都为阳阳今天的行为喝彩!)翔翔站在旁边,发现了阳阳的困难所在:"我帮你拉一下吧!"(前面为了让翔翔也参与到穿线的过程中来,我叫他帮忙拉过一下橡皮筋。没想到,他马上记得这招,并且替阳阳解起围来)在翔翔的帮助下,阳阳成功地穿过了橡皮筋。

2. 保教人员工作要点

(1)注意教育内容的全面和均衡。

(2)教学活动目标、内容符合幼儿已有水平、兴趣和需要。

(3)合理安排教学活动时间。

(4)充分做好教学活动的各项准备。

3. 常见问题及解决策略

常见问题一:存在"小学化"倾向。

解决策略:

(1)不提前教授小学的知识内容,不实施汉语拼音、汉字读写、数字运算训练等违背学龄前儿童成长规律的教学行为,不布置文字类家庭作业,不进行机械记忆方面的教育训练以及任何形式的测验和考试。

(2)充分考虑幼儿的学习特点和认知规律,多采用游戏化的教学方式,让幼儿多动手操作、感知体验,避免"填鸭式""灌输式"教学。

常见问题二:教育内容安排不合理、不均衡。

解决策略:

制定科学合理的教学计划,避免偏重于某一领域或某一领域的某个方面,通过多领域教育活动促进幼儿情感、态度、能力、知识、技能等方面的协调发展。

常见问题三：不能把握教育内容特点，不注重内容间的整合。

解决策略：

（1）保教人员要认真学习《幼儿园教育指导纲要（试行）》《3—6 岁儿童学习与发展指南》，深入理解各领域的核心价值、教育要点和注意事项，熟悉各领域幼儿学习与发展的典型性表现和教育建议。

（2）注意教育内容的有机联系、相互渗透。

常见问题四：形式单一，过于偏重集体教学。

解决策略：

（1）在集体教学的基础上，可根据教学内容灵活采取小组教学、个别化教学等教学活动形式。

（2）严格控制集体教学活动时间。原则上小班、中班每天安排 1 次集体教学活动，大班在下学期幼小衔接活动主题开展时可安排每天 2 次集体教学活动（上、下午各 1 次）；根据幼儿年龄特点把握集体教学活动时间，小班 15—20 分钟；中班 20—25 分钟；大班 25—30 分钟。

（3）根据幼儿需要开展形式多样的小组教学、个别化教学。

（二）室内游戏活动

1. 对幼儿的要求

（1）小班：

① 喜欢游戏活动，愿意参与其中。

② 能自主选择自己喜欢的游戏。

③ 具有初步的游戏常规，懂得遵守简单的游戏规则。

（2）中大班：

① 对游戏活动有兴趣，积极参与游戏。

② 游戏水平、操作能力、合作能力等逐渐提高。

③ 具有良好的游戏常规，能较好地遵守游戏规则。

2. 保教人员工作要点

（1）能根据幼儿的年龄特点和兴趣等组织开展各类游戏活动。

（2）创设丰富、适宜的游戏环境。

（3）提供丰富的游戏材料，做到种类全面、数量充足、材质多样。

（4）恰当指导幼儿游戏，不干扰幼儿游戏。

（5）能根据幼儿的兴趣、水平和需要及时调整游戏内容和形式。

3. 常见问题及解决策略

常见问题一：轻游戏重教学，游戏时间不能保障。

解决策略：

（1）科学、合理地安排和组织一日活动,合理安排游戏时间,确保室内游戏每天不少于1小时。

（2）保证足够的单次游戏时间。如:小班每次不少于40分钟,中大班适当延长。

常见问题二： 游戏种类较少,游戏空间利用不充分、划分不合理。

解决策略：

（1）组织开展各类游戏活动,避免只重视规则游戏,忽略创造性游戏的现象。

（2）深入研究区域活动,改变区域活动材料的玩法和过程,强调材料的多功能性和可变性,使区域活动成为更吸引幼儿的游戏活动。

（3）充分利用活动室、午睡室、走廊、平台等空间,开展各类游戏活动。

（4）根据空间特点、游戏内容、材料状况等合理划分游戏空间,便于幼儿游戏。

常见问题三： 游戏材料不够丰富,层次性、目的性较差。

解决策略：

（1）通过购置、搜集、制作等多途径丰富游戏材料,做到游戏材料种类全面、数量充足、材质多样。（见图3-11）

（2）根据游戏需要,鼓励幼儿、家长参与制作游戏材料。

（3）多提供低结构的半成品材料,少提供高结构的成品材料。

（4）材料的投放要有目的性,应根据幼儿的兴趣和水平逐步、有序投放。

图3-11 材料投放要充足而多样

常见问题四： 幼儿在游戏中缺乏自主性。

解决策略：

（1）充分尊重幼儿选择游戏的意愿,不指定幼儿进行游戏。

（2）充分尊重幼儿的兴趣、实际经验和需要,在游戏过程中给予必要的帮助,不干扰或影响幼儿游戏。

案例

孩子们吃完午点的时候,空班的我在电脑前面整理资料,突然听到轻轻的对话声:"翔翔,我和你一起看,好吗?""好的。我看的是迷宫。"毅毅的邀请有了反馈,马上把自己的位子换到了第一排,和翔翔肩并肩坐在了一起。(毅毅的协商,翔翔的同意和说明,让我欣喜地看到了孩子们在不同水平上的不同发展!)

翔翔把迷宫书放在两个人的中间一点,一边用手指着书中的内容,一边轻轻说:"你看,这个容易吧!我走一遍,你看着,然后你再走,好吗?"毅毅点点头。(大概确实容易,毅毅看了一会,就不看了。这时,我开始揣测毅毅的真正目的了!)

毅毅关注起翔翔粘在胸口可以拿上拿下的一个手机玩具,然后低头尝试起自己手中拿着的一个口香糖瓶子,试着想把这个瓶子的盖子盖起来,这样瓶子就可以别在衣服上了!一次,两次,不行就就近再看看翔翔的"手机"。("手机"是子母扣粘起来的,但是能想到利用瓶子的自身资源来达到一样的效果——很棒!)

翔翔发现了毅毅的小动作,轻描淡写地说:"我这个买来就是这样的!"(言下之意你就别费力气了!)翔翔翻了几页书:"这个迷宫有点难,我们一起试一试。"毅毅果然被吸引,认真看起了迷宫。(翔翔很有教育策略哦!"跳一跳摘到的果子"最有挑战性——先进的教育原理运用自如,我们成人真应该好好学学孩子!)

坏了!翔翔碰到了难题——其中一个迷宫他也走不出来了!(我按捺住性子,按兵不动,继续观察!)翔翔一点也不惊慌,一边把书往后翻,一边向毅毅传授经验:"你可以看后面的答案的。看,这样走就行了!"(一点也不丢面子!而且还树立了自己的新威信——答案怎么找也一并告诉了毅毅!)

"雁过寒潭水无痕",幼儿的智慧有时让我们惊讶!

常见问题五:保教人员指导幼儿游戏水平较低。

解决策略:

(1)采用多种方式适时介入幼儿游戏,并进行适宜指导。

(2)认真观察幼儿的游戏表现,正确解读幼儿的游戏行为,根据幼儿兴趣、能力及时调整游戏内容、游戏材料等。

(3)重视游戏评价,灵活采用不同的游戏评价方式。如:幼儿自主评价、同伴互评、教师讲评等,也可借助照片、视频回放等形式进行评价。

温馨小站

幼儿游戏的具体指导方法

一、语言指导

1. 发问

发问主要是用于了解幼儿游戏的现状及幼儿的具体想法或进行启发引导等,宜用亲切平和的询问,以了解孩子的真实想法。如:"你想做什么呀"等,目的是引起幼儿的思考,逐渐学会做出正确的判断。

2. 提示

提示主要是当幼儿遇到困难或不知所措、缺乏目的时,教师用一两句简单的建议性提示,帮助幼儿明确想法,促进游戏顺利开展。如:玩"菜市场"游戏时,菜卖完了,孩子们的游戏便卡壳了,没法往下进行,教师可以说:"我们一起加工一些吧!"

3. 鼓励和赞扬

主要是对游戏中幼儿表现出来的创造性及正向的游戏行为加以肯定并提出希望。对幼儿在游戏中能自觉遵守规则、克服困难等良好的意志品质给予赞扬,以强化幼儿正向行为的出现。

二、行为指导

1. 身体语言

指教师在指导游戏时,利用动作、表情、眼神等对幼儿游戏行为做出反馈。

2. 提供材料

教师为幼儿提供丰富的材料,让幼儿在自由选择的条件下进行游戏,促进幼儿社会性的发展。

3. 场地布置

教师可以通过场地等环境的布置指导幼儿游戏的开展。

4. 动作示范

教师要给幼儿做适当的示范、讲解,帮助幼儿掌握玩法,理解并掌握规则。

(三)户外体育活动

1. 对幼儿的要求

(1)穿宽松的衣裤及合脚的鞋子,不穿有绳子的衣服,女孩活动时不戴头箍等。

(2)在快速奔跑时,不低头猛冲,以免与别人碰撞、摔伤;不推操别人;不追逐跑;上、下楼梯时不手拉手。

(3)运动时和同伴保持适宜距离。

(4)不用运动器械挥击别人等。

（5）游戏人数较多时，学会在旁边等待。

（6）交换游戏场地时，按游戏线路行走。

（7）夏天天气炎热时，知道选择在树阴等阴凉处活动。

（8）不擅自离开集体等。

2. 保教人员工作要点

（1）穿运动服、平跟鞋，不披散长发。

（2）加强对幼儿的观察与指导，选择便于观察、指导的适宜位置，随时走动巡视，适时指导幼儿活动，确保每个幼儿在自己的视线范围内，谨防意外。

（3）发现幼儿有危险动作时要及时制止，并进行必要的安全指导和安全教育。

（4）活动前要加强对活动场地的巡视、检查，不遗漏每一个角落，及时发现场地是否有安全隐患，如发现问题，及时上报、处理。

（5）注意动静交替，科学安排运动量，防止突然运动或剧烈运动造成的拉伤、扭伤或身体不适等。

（6）保证足够的户外体育活动时间。

3. 常见问题及解决策略

常见问题一：幼儿参加户外体育活动时间不足，阴雨天气不组织户外体育活动。

解决策略：

（1）合理安排户外活动时间。要保证每天不少于 2 个小时的户外活动时间，既不宜过于集中，也不宜过于分散。过于集中，幼儿易于疲劳，失去兴趣；过于分散，幼儿则不能充分活动，达不到锻炼身体，增强体质的目的。

（2）不同季节不同安排。夏季不宜在强光下进行户外体育活动，尤其避免在上午 10 点至下午 4 点之间组织幼儿长时间在户外进行高强度的体育活动，防止中暑和紫外线灼伤。夏季户外活动的时间也不宜过长，每次活动控制在 30 分钟左右，还要做到动静交替，活动一段时间后，可在阴凉处休息。冬季日照时间短，户外活动宜安排在上午 9 点之后、下午午睡起床后。

（3）阴雨天坚持开展户外活动。要利用幼儿园自身场地的特点，充分利用走廊、门厅、长廊、屋顶平台等，合理安排每班活动场地，保证阴雨天时体育活动正常进行。

常见问题二：体育活动内容单一，活动器械不够丰富。

解决策略：

（1）根据幼儿年龄特点，选择适宜的活动内容，做到体育活动游戏化。

（2）要根据幼儿的发展需求和年龄特点，提供数量充足、种类丰富、功能各异的活动材料和运动器械（如图 3-12 所示），让幼儿自由选择。

（3）还应根据幼儿的实际发展需要，自制体育器械。

图 3-12　各种运动器械

常见问题三：保教结合不到位，保育工作跟不上。

解决策略：

（1）及时增减衣服。

（2）掌握好运动量。

（3）关注个体差异。

（4）准备活动与放松活动适宜。

（5）运动前后适宜补水。

常见问题四：幼儿运动常规差，容易出安全事故。

解决策略：

建立良好的安全活动常规。活动前，向幼儿交代活动的规则和有关安全事项，尽可能预估到可能出现的不安全因素，针对活动中可能存在的危险，提前向幼儿提出活动要求。活动中，时刻注意观察幼儿的行为及动作，发现危险时注意保护和制止。活动结束时，和幼儿一起总结讨论活动中出现的不安全现象，避免类似的事情再发生，增强幼儿的安全意识。

（四）户外活动

1. 对幼儿的要求和保教人员工作要点

同"户外体育活动"。

2. 常见问题及解决策略

常见问题一：幼儿在户外活动中缺少"自由"。

解决策略：

（1）集体活动与自由活动有效结合。在户外活动中，除了有意识地组织一些集体性的游戏、体育活动之外，还应给幼儿一些自由活动的时间和空间，不能让幼儿处于教师高控之下。

（2）同时自由活动不能"放羊"，应通过投放不同的器械、材料等，让幼儿自由选择进行活动，在自由活动中真正做到自主活动、共同进步。

常见问题二：场地不能合理充分地利用。

解决策略：

（1）要有效利用幼儿园各块场地，尽量做到活动中每班有各自的场地。

（2）要合理布局场地，按不同内容划分好各个区域，以安全、不互相干扰为宜。

（3）要为幼儿创设良好的户外活动环境，利用平整清洁的场地、醒目整齐的标志，激发幼儿的活动兴趣。

（五）操节

1. 对幼儿的要求

（1）动作到位、有力。

（2）精神饱满，态度认真。

2. 保教人员工作要点

（1）做好操节前的各项准备。包括音乐、场地（如：清理场地积水等）及幼儿如厕、喝水、衣着等。

（2）根据年龄特点编排不同的操节，做到结构合理。

（3）精神饱满，动作准确、有力度、有节奏，进行镜面示范。

（4）主、配班教师站位恰当。

3. 常见问题及解决策略

常见问题一：教师带操时动作不规范、力度不够。

解决策略：

教师应为幼儿做好表率作用，带操时动作必须准确、到位、有力度、有节奏。

常见问题二：教师带操时忽略与幼儿的互动、交流。

解决策略：

（1）教师带操时要关注幼儿，发现幼儿动作不规范或注意力不集中时，要用眼神、语言及肢体动作等提醒幼儿，并适时予以纠正。

（2）对幼儿操节中的进步，要及时给予鼓励。此外，教师还要特别关注有特殊需要的幼儿。

（3）关注个别幼儿。对注意力不集中、多动或内向的幼儿提供个别化的指导和支持。

4. 户外活动注意事项

遇到恶劣天气，如雾霾等对身体有害的天气，应根据相关要求开展相应的活动。

温馨小站

鼓励和表扬的差别有多大[1]

斯坦福大学著名发展心理学家卡罗尔·德韦克一直致力于研究表扬对孩子的影响。她和她的团队对纽约20所学校的400名五年级学生做了长期的研究,这项研究结果令学术界震惊。

在实验中,他们让孩子们独立完成一系列智力拼图任务。

首先,研究人员每次只从教室里叫出一个孩子,进行第一轮智商测试。测试题目是非常简单的智力拼图,几乎所有孩子都能相当出色地完成任务。每个孩子完成测试后,研究人员会把分数告诉他,并附一句鼓励或表扬的话。研究人员随机地把孩子们分成两组,一组孩子得到的是一句关于智商的夸奖,即表扬,比如,"你在拼图方面很有天分,你很聪明"。另外一组孩子得到是一句关于努力的夸奖,即鼓励,比如,"你刚才一定非常努力,所以表现得很出色"。

为什么只给一句夸奖的话呢?对此,德韦克解释说:"我们想看看孩子对表扬或鼓励有多敏感。我当时有一种直觉:一句夸奖的话足以看到效果。"

随后,孩子们参加第二轮拼图测试,有两种不同难度的测试可选,他们可以自由选择参加哪一种测试。一种较难,但会在测试过程中学到新知识。另一种是和上一轮类似的简单测试。结果发现,那些在第一轮中被夸奖努力的孩子中,有90%选择了难度较大的任务。而那些被表扬聪明的孩子,则大部分选择了简单的任务。由此可见,自以为聪明的孩子,不喜欢面对挑战。

为什么会这样呢?德韦克在研究报告中写道:"当我们夸孩子聪明时,等于是在告诉他们,为了保持聪明,不要冒可能犯错的险。"这也就是实验中"聪明"的孩子的所作所为:为了保持看起来聪明,而躲避出丑的风险。

接下来又进行了第三轮测试。这一次,所有孩子参加同一种测试,没有选择。这次测试很难,是初一水平的考题。可想而知,孩子们都失败了。先前得到不同夸奖的孩子们,对失败产生了差异巨大的反应。那些先前被夸奖努力的孩子,认为失败是因为他们不够努力。德韦克回忆说:"这些孩子在测试中非常投入,并努力用各种方法来解决难题,好几个孩子都告诉我:'这是我最喜欢的测验。'"而那些被表扬聪明的孩子认为,失败是因为他们不够聪明。他们在测试中一直很紧张,抓耳挠腮,做不出题就觉得沮丧。

第三轮测试中,德韦克团队故意让孩子们遭受挫折。接下来,他们给孩子们做了第四轮测试,这次的题目和第一轮一样简单。那些被夸奖努力的孩子,在这次测试中的分数比第一次提高了30%左右。而那些被夸奖聪明的孩子,这次的得分和第一次相比,却退步了大约20%。

---

[1] 摘自搜狐博客《分享:"表扬"与"鼓励"的差别有多大》.本文有改动.

德韦克一直怀疑,表扬对孩子不一定有好作用,但这个实验的结果,还是大大出乎她的意料。她解释说:"鼓励,即夸奖孩子努力用功,会给孩子一个可以自己掌控的感觉。孩子会认为,成功与否掌握在他们自己手中。反之,表扬,即夸奖孩子聪明,就等于告诉他们成功不在自己的掌握之中。这样,当他们面对失败时,往往束手无策。"

在后面对孩子们的追踪访谈中,德韦克发现,那些认为天赋是成功关键的孩子,不自觉地看轻努力的重要性。这些孩子会这样推理:我很聪明,所以,我不用那么用功。他们甚至认为,努力很愚蠢,等于向大家承认自己不够聪明。

德韦克的实验重复了很多次。她发现,无论孩子有怎样的家庭背景,都受不了被夸奖聪明后遭受挫折的失败感,男孩女孩都一样。甚至学龄前儿童也一样,这样的表扬都会害了他们。

鼓励是指鼓劲而支持,表扬则是指对一件事或品行的显扬、宣扬。

鼓励通常是针对过程和态度的,"爸爸看到你这学期的努力,为你骄傲!"表扬通常是针对结果和成效的,"爸爸看到你成绩提高,为你高兴!"多鼓励,少表扬;多描述,少评价,可以避免孩子被表扬绑架,或输不起,为达目的而不择手段。

案例分析

衣裤找朋友

在寒冷的冬季,孩子们穿得又多又厚,个个都像一个大粽子。孩子们的上衣和裤子常塞不妥帖,这样一来很容易感冒。在检查中,我发现经过训练的孩子已基本学会了塞裤子,但常常都是一股脑将所有的内衣内裤没理平就塞在外裤内,看上去塞好了,但摸上去鼓鼓囊囊的,稍微活动一下就很容易脱出来。怎么办呢?我突然想到"找朋友"这个游戏,心想何不利用它呢!于是我拿出一件毛衣,告诉幼儿毛衣哭了,因为找不到它的老朋友毛线裤了,你们快帮忙呀!看到小朋友热心帮助寻找时,我连忙拿出毛线裤,告诉孩子快点把自己的毛衣塞进毛线裤里,"让两个好朋友碰碰头,拉拉手,这么一来毛衣就不会哭了"。接着又用此方法教会了幼儿让棉毛衫、棉毛裤找朋友。就这样,在形象的比喻及讲解下,幼儿很快掌握了塞好衣裤的要领,每次起床及小便后,值日生一问,被检查的孩子会立即掀起外套,骄傲地告诉他:"我的好朋友找到了。"

在一日生活常规上,这位老师的做法给了你哪些启示?

主题讨论

入园第一天,吴老师这样告诉孩子们:"请吃完的小朋友先看看书。"佳佳吃完饭后就安静地坐在一旁看书了。

第二天吃完饭,佳佳正准备拿书看,班级的刘老师说:"请吃完的小朋友先到卧室里去。佳佳,你有没有听见我说的话?"佳佳只好马上放下书,乖乖地走进了卧室。

第三天吃完饭,佳佳记住昨天刘老师说的话,径直往卧室走去,吴老师看见了,就大声叫道:"佳佳,老师还没有说睡觉,你怎么就到卧室里去了?"佳佳停下来,不知到底应该怎么做……

请分析上述案例,讨论交流对幼儿园班级一日常规的看法。

视野拓展

1. 宋文霞,王翠霞.幼儿园一日生活环节的组织策略[M].北京:中国轻工业出版社,2012.

2. [美]马克·维斯布朗.婴幼儿睡眠圣经[M].刘丹,等译.南宁:广西科学技术出版社,2011.

3. 浙江省教委.浙江省幼儿园一日活动保教常规行为细则(试行).

4. 上海市教育委员会.上海市学前教育课程指南(试行稿)[M].上海:上海教育出版社,2014.

5. 上海市中小学(幼儿园)课程教材改革委员会办公室.幼儿园教师成长手册[M].上海:华东师范大学出版社,2009.

6. [日]谷田贝公昭.优雅人生的开端:图解儿童基本生活习惯的培养[M].周念丽,熊芝,任贝贝,译.上海:华东师范大学出版社,2011.

7. 施燕.幼儿园新教师上岗手册[M].上海:华东师范大学出版社,2012.

8. 厦门市教委.厦门市幼儿园一日活动常规要求(试行)(厦教基〔2010〕15号).

9. [美]Laverne Warner,Sharon Anne Lynch.幼儿园班级管理技巧150[M].曹宇,译.北京:中国轻工业出版社,2011.

10. 上海市中小学(幼儿园)教材委员会.上海市幼儿园保教质量评价指南.2008.

11. 马虹,李峰.幼儿园保教管理工作指南[M].上海:华东师范大学出版社,2014.

12. 长沙市教育局.长沙市幼儿园一日活动常规.2010.

13. 重庆市教委.重庆市幼儿园一日活动行为细则(试行).2007.

阅读思考

1. 建议阅读徐则民在《上海托幼》(2013年第3期)上发表的《让被淘汰者"重生"》一文。你是如何思考这个问题的? 其中"事实是一场没有胜负的竞赛确实不具有真正的吸引力。而在游戏中设置'暂时离开'的环节,则既能体现对胜者的尊重,也是对败者的自然'惩罚';

'暂时离开'也让年幼的孩子体验对规则的敬畏,知道竞赛就要愿赌服输;'暂时离开'更让年幼的孩子在不断获得'重生'中有了大量反复练习的机会,不断丰富和积累游戏经验并进而生成人生智慧",这段话对于你思考如何建立科学、合理的一日常规有什么启发?

2. 阅读【温馨小站】中的《鼓励和表扬的差距有多大》一文,对你在班级管理中与幼儿的互动有哪些启示?

第四单元

一叶天下已知秋
——班级日常安全工作

★ **单元概要**

本单元分为两个小节,第一节主要介绍了班级一日活动中的安全工作及其重要性;第二节主要阐述了突发事件及小意外的处理方法等。

★ **思政要点**

形成认真细致的工作作风,增强安全意识,逐步养成责任意识和担当意识。

★ **重点**

① 充分认识幼儿园班级一日活动中安全工作的重要性。

② 掌握班级安全工作的各项内容以及处理的方法。

★ **难点**

① 严格按照工作要求及规定与幼儿家长做好幼儿入园、离园的安全交接。

② 重视和预防突发事件的发生,具有对幼儿开展经常性的安全教育及培养幼儿自我安全防范意识的能力。

③ 具备对突发事件进行应急处理的方法和能力。

★ **关键词**

幼儿园人身伤害事故、突发事件、预案。

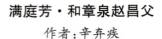

满庭芳·和章泉赵昌父

作者：辛弃疾

西崦斜阳，
东江流水，
物华不为人留。
铮然一叶，
天下已知秋。
屈指人间得意，
问谁是、骑鹤扬州。
君知我，从来雅意，
未老已沧州。

无穷身外事，
百年能几，
一醉都休。
恨儿曹抵死，
谓我心忧。
况有溪山杖屦，
阮籍辈、须我来游。
还堪笑，机心早觉，
海上有惊鸥。

安全是幼儿园班级顺利开展各项工作的必要前提和首要条件。取辛弃疾词中的"铮然一叶，天下已知秋"中的意思，改为"一叶天下已知秋"喻指幼儿园班级管理工作中安全工作的重要性。有安全这"一叶"，才可以尽览幼儿一日活动的全部。《纲要》指出："幼儿园必须把保护幼儿的生命和促进幼儿的健康放在工作的首位。"为了保护幼儿的安全，保证幼儿健康地成长，防止安全事故的发生，教师必须在班级日常管理工作中始终保持高度的安全意识，严格按照安全规范要求和标准来工作，并且能把安全教育和日常保教工作有机结合起来，把安全教育贯穿于幼儿每日的活动中，养成并提高幼儿的自我安全防范意识和能力，避免和减少安全事故的发生。

第一节 一日活动的安全工作

王老师问:"晓晓,你认为班级管理中最重要的工作是什么?"晓晓答道:"太多了,教学、环境布置、家长工作都重要啊!"晓晓实在不知该挑选哪个。王老师感慨道:"随着时间的推移,我越来越感觉到安全工作的重要性,这是任何其他工作都无法取代的。"

一、幼儿园人身伤害事故

幼儿园人身伤害事故是指入园幼儿在园期间和幼儿离园集体活动而处于幼儿园管理范围内所发生的人身伤害事故。它主要包括幼儿在幼儿园发生的人身伤害,也包括不在园内,但属于幼儿园组织的活动(如春秋游、节日庆祝活动等)中发生的人身伤害。

造成幼儿园人身伤害事故的原因主要有五个方面。

(1)幼儿园教育管理方面:教师玩忽职守,责任心差,规章制度不健全。

(2)幼儿园设施设备方面:老化、破损,安全防护措施不到位。

(3)幼儿自身方面:体质比较特殊。

(4)家庭教育方面:家长教育不当,幼儿存在不良的生活习惯,心理承受能力差。

(5)外来原因及意外事件:不可抗力或无关人员突发事件等。

二、一日活动的安全管理

(一)来离园安全

(1)教师按时到岗,检查教室内有无安全隐患。认真接待来园的幼儿,观察幼儿的脸色,询问家长幼儿的身体情况,禁止幼儿携带细小、尖锐等危险的物品,如有发现应及时请家长带回或代为保管。不接受家长给予的幼儿口服药,提醒并要求家长按照规定交给幼儿园保健老师并填写幼儿委托服药登记表(如表5-1所示)。

(2)家长要亲自将幼儿送到班级教师手中,不允许幼儿自己入园,防止幼儿在园内自由走动或玩耍时出现意外。对自己入园的幼儿,教师要及时和家长沟通,向家长提出安全的要求。

(3)对因家长原因送至早护导教师处的幼儿,及时询问早护导教师相关幼儿情况,做好交接工作。

温馨小站

晨检内容

一摸——摸幼儿有无发热现象,对可疑者测量体温。

二看——一般情况下,观察幼儿精神状态、面色等,察看是否有传染病的早期症状表现或咽部、皮肤有无皮疹等。

三问——询问个别幼儿的饮食、睡眠、大小便情况。

四查——查幼儿有无携带不安全的物品,发现问题及时处理。

幼儿接送卡

　　为了保障幼儿的安全,做好安全防范工作,许多幼儿园在幼儿接送制度上实行"幼儿接送卡"制度,凭卡入园接送幼儿。

　　(4)对新入园的幼儿、情绪不好的幼儿或有特殊需要的幼儿重点关注,防止跑失。

　　(5)教师要组织好幼儿的晨间活动,不能只顾与家长交流等而忽略了班级中来园活动的幼儿。

　　(6)带班时间不接听私人电话,以幼儿为中心,视线不离开幼儿。

　　(7)离园时要把幼儿交至家长手中,幼儿有特别情况(生病的幼儿、当天表现异样的幼儿、与其他幼儿发生纠纷的幼儿等)需第一时间告知家长,详述幼儿在园情况,并提出希望家长配合的要求和具体方法。

　　(8)如不是家长本人来接或更换了日常接送人员,家长应提交书面说明或电话与教师提前联系,告知被委托人的姓名、性别、年龄、特征及与幼儿之间的关系等,教师核对来接者身份之后,才能把幼儿交给其带走。未成年人不得接送幼儿。

案例

　　一天下午刚过16:30,班级幼儿基本上都已经被家长接走了。A老师急匆匆找到我:"贝贝不知被谁接走了,我怎么也想不起来了……"说着就哭了起来。

　　我一边安慰A老师(贝贝父母离婚,平时和爸爸一起生活),用办公室电话打给贝贝爸爸(手机却关机了),一边询问接送时段的一些细节。

　　"贝贝会自己回家吗?""不会,刚才我已经去过他家了,家里没有人。"

　　"是陌生人接的吗?""今天接的家长我都回忆了一遍,没有生面孔。"

　　"有没有和同伴一起走呢?""刚才我也打过电话问了贝贝的几个好朋友,都说没有。"

　　"那平时都有谁接贝贝呢?""一般都是贝贝爸爸接的呀,今天我就是感觉没有贝贝爸爸来接的印象。所以着急得要命!"

　　正在纠结中,办公室电话响了,"谁打我电话呀?"贝贝爸爸! 原来贝贝爸爸临时出差赶不回来,就请同事(隔壁班幼儿家长)帮忙接贝贝。因为家长都很熟悉,所以A老师也没有特别的印象。

思考　从这个案例中我们可以吸取哪些教训和经验?

　　(9)教师要及时登记送至晚护导处幼儿的信息(班级、姓名、联系电话等),当面与晚护导教师交接,有特殊情况的幼儿请晚护导教师告知幼儿家长,或班级教师直接电话联系幼儿家长。

(二) 交接班安全

1. 早晚班教师交接

班级教师早晚班交接要及时,执行严格的安全交接,比如:口头向接班的教师交流上午幼儿的整体情况,同时在交接班记录上填写幼儿出勤情况、健康状况、情绪情况、有特别情况的幼儿的注意事项等;对在园发生小意外的幼儿,应在交接时特别指出,一是明确责任,二是提醒接班教师注意照顾,三是便于把事情经过及时向家长解释和交代清楚,消除家长误会,减轻家长顾虑;同时交流如因病缺席、外出旅游等未来园幼儿的相关情况,以确保班级保教人员能对全班幼儿的情况了然于心。

2. 代班时的交接

碰到临时进入别的班级进行代班工作时,第一时间与需代班的班级教师进行交流,询问班级幼儿的整体情况和特别情况,以便安全开展代班工作。同时做好进班之前和之后的交接工作。

(三) 盥洗、如厕安全

(1) 盥洗、如厕时,教师要站在盥洗室或卫生间门口组织好幼儿,提醒幼儿在盥洗室内不推搡、跑动,按顺序盥洗、如厕,不拥挤。

(2) 教育幼儿洗手时用小水流洗手,防止溅到身上,洗完后随手关好水龙头。保持洗手间、卫生间地面干爽,以免幼儿滑倒。

(3) 管理好并教幼儿正确使用洗涤用品,教育幼儿不拥挤,防止跌倒、碰撞在水池或便池边沿。

(4) 消毒液、洗涤剂和杀虫剂等应放置在幼儿接触不到的地方,并妥善保管好。切记班内不得存放有毒有害物品。

(四) 进餐安全

(1) 热源不得进班,注意避让幼儿。

(2) 幼儿饭菜的温度要适宜,汤、饭、菜等应放在安全地方,要注意避免烫伤幼儿。

(3) 分发食物不要越过幼儿头顶传递,应从侧面送给幼儿。

(4) 提醒幼儿细嚼慢咽,吃饭时不大声喧哗。

（5）提醒幼儿咽下最后一口饭，及时漱口。一是卫生，二是安全（避免幼儿把饭菜含在口中入睡）。

（五）室内活动安全

（1）随时注意观察幼儿的活动情况，发现问题及时、妥善处理。

（2）教学活动前，要对学具、教具、玩具及活动场地等进行检查，对不利于幼儿活动和安全的物品要及时清理。

（3）活动中指导幼儿掌握正确的活动方法和操作方法。

（4）使用电教器材时，电源、插头、电线等要规范操作使用，防止幼儿触摸，用完立即切断电源。

（六）户外活动安全

（1）检查幼儿服装、鞋，做好准备工作。

（2）观察幼儿脸色、情绪，尤其是有特别情况的幼儿（如扩瞳的幼儿，不适合参加户外活动），及时调整活动内容。

（3）检查户外器材和场地、设施等的安全，做好防范工作。

（4）幼儿如需大小便等，必须保教人员随行，不得让幼儿单独前往。

（5）保教人员站位合理，如幼儿排队行走时，班级保教人员一位在队伍前面，一位在队伍中间位置，还有一位在队伍最后。保证幼儿在保教人员视线内活动。

（6）活动前后及时清点幼儿人数。

案 例

一日，一幼儿园小班午睡时发现少了一名男孩。保教人员立刻分头前去寻找，同时报告园长，最终在幼儿园户外喷水池边一小桥上找到了这名幼儿。

原来前一天老师曾经带幼儿去水池边玩过，幼儿们都玩得很开心，那名幼儿可能还想着昨天的情景，于是在午餐后趁老师不注意的时候自己又跑到那边去玩，没有及时回卧室午睡。

在幼儿一日活动中，比如每天早操结束回教室时，经常可以看见幼儿们排了长长的队伍，老师走到了二楼，有的幼儿还在一楼，回到教室的时候老师又没有点人数，很容易发生类似的情况，所以教师的视线不能离开幼儿，户外运动前后一定要清点幼儿人数。

（七）午睡安全

（1）注意有特别情况的幼儿（如服药的、上午带班教师交接有情况的等）。

（2）按时、及时巡视，不得擅自离开卧室。

（3）留意幼儿睡姿、枕边有无小物件，尤其是尖锐物品（如发卡、小玩具等）。

（4）注意睡上铺的幼儿上下床。

（5）陪同如厕的幼儿。

案例

一日下午两点多，一幼儿园大班的一名女孩午睡起床时不慎从上铺摔了下来，由于教师的大意，致使病情延误，最后只能实施开颅手术挽救她的性命。

幼儿从床上摔下时头部着地。当时教师检查了一下，没有肿起来，教师也害怕领导知道，自己看看也没有什么问题，就没多在意。该名幼儿一个下午都非常安静地坐着，放学后家长来接，教师也没有告知家长真实的情况。回家后幼儿才说头疼，到医院检查才知道有脑震荡且需手术。

思考

请你评析该案例中教师的做法。

三、幼儿安全教育内容

在一日活动中，教师应增强对幼儿安全教育的重视，帮助幼儿提高自我的安全防护意识和能力。《纲要》中指出："让幼儿知道必要的安全保健常识，学会保护自己。"对幼儿进行必要的安全教育，是主动预防幼儿人身伤害事故发生的重要途径，教师要根据不同年龄幼儿的特点，进行安全教育。

温馨小站

美国教师关注给幼儿以情绪情感上的安全经验。例如经常给幼儿以拥抱、微笑或身体接触等，给幼儿确定的安全感，并确定自己是受关爱的；让幼儿了解一日作息的每一个环节，减少他们因无法预知而产生的恐惧；和幼儿们讨论可能使幼儿害怕的灾难等。

幼儿日常安全教育内容主要有如下一些方面。

（一）交通安全教育

（1）了解基本的交通规则，如"红灯停、绿灯行"，行人走人行道，走路靠右行，不要在马路上踢球、玩滑板车、奔跑、做游戏，不横穿马路等。

（2）认识交通标志，如红绿灯、人行横道线等（见图 4-1，图 4-2），并且知道这些交通标志的意义和作用。

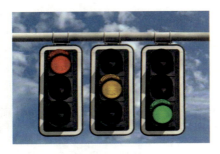

图 4-1　红绿灯

图 4-2　人行横道线

（3）教育幼儿从小要有交通安全意识，养成遵守交通规则的良好习惯。

（二）消防安全教育

（1）让幼儿懂得玩火的危险性。

（2）让幼儿掌握简单的自救技能。如教育幼儿一旦发生火灾要马上逃离火灾现场，并及时告诉附近的成人。当发生火灾，自己被烟雾包围时，要用防烟口罩或干、湿毛巾捂住口鼻，并立即趴在地上，在烟雾下面匍匐前进。

图 4-3　幼儿园消防演习

（3）带幼儿参观消防队，看消防队员的演习，请消防队员介绍火灾的形成原因、消防车的作用、灭火器的使用方法及使用时应注意的事项等。

（4）定期进行火灾疏散演习（见图 4-3）。

（三）食品卫生安全教育

（1）不吃过期变质的、腐烂的、有异味的食物。

（2）不随便捡食和饮用不明物质。

（3）不随便吃药，一旦要服药，一定要按医生的吩咐且在成人的指导下服用。

（4）进食热汤或喝开水必须先吹一吹，以免烫伤。

（5）吃鱼时，要把鱼刺挑干净。

（6）进食时不嬉笑打闹。

（7）创造良好的用餐气氛。

（四）防触电、防溺水教育

（1）不能随便玩电器、拉电线，不用剪刀剪电线，不用小刀刻划电线，不将铁丝等插到电源插座里等。

（2）一旦发生触电事故，不能用手去拉触电的幼儿，而应及时切断电源，或者用干燥的竹竿等不导电的东西挑开电线。

（3）对幼儿进行防溺水教育，一是要告诉幼儿不能私自到河边玩耍；二是不能将脸闷入水中；三是不能私自到河里游泳；四是当同伴失足落水时，要及时就近呼唤成人抢救。

（五）幼儿园玩具安全教育

（1）玩大型玩具滑梯时，不拥挤，前面的幼儿还没滑到底及离开时，后面的不能往下滑。

（2）玩秋千架时，要坐稳，双手拉紧两边的秋千绳。

（3）玩跷跷板时，要坐稳，双手抓紧扶手。

（4）玩中型玩具时，不能敲打其他幼儿的身体，特别是头部。

（5）玩小型玩具时，不能放入口、耳、鼻中，以免造成伤害等。

> **温馨小站**
>
> 　　美国幼儿园的户外活动操场多是采用橡胶木之类质地的材料，但同时也有适合幼儿开展不同活动的不同地面，如草地、水泥地、沙地等。幼儿园非常重视安全检查工作，每日每周每月安排定期或不定期安全检查。
>
> 　　日本幼儿园中的绝大部分户外活动场地采用了硬沙土地，以减少摔倒后的损伤程度；单杠、爬竿等攀爬设施下面垫上塑胶垫；秋千周围设置围栏或用白线标示，以提示幼儿秋千摆动的安全位置。

（六）幼儿生活安全教育

安全教育要融入幼儿一日活动，帮助幼儿学习判断环境、设施设备和玩具材料出现的安全风险，增加自我保护能力。家园配合同步进行，要尽早让幼儿掌握、熟悉以下内容。

> **温馨小站**
>
> 　　英国政府把母亲介入幼儿教育作为一种政策性的要求。许多幼儿园在外出参观游览时都会向家长发放专门的意见书，家长签字后表示家长同意为外出的危险承担一定的责任；通过亲子游戏的方式，让家长参与到幼儿园的安全教育中来。

（1）正确使用小剪刀。

（2）运动和游戏时要有秩序，不拥挤推撞。

（3）在没有成人看护时，不能从高处往下跳或从低处往上蹦，平常不乱攀爬树、墙、窗台，不从楼梯扶手往下滑。

（4）推门时要推门框，不推玻璃，手不能放在门缝里。

（5）乘车时不在车上来回走动，手和头不伸出窗外。

（6）不轻信陌生人的话，未经允许不跟陌生人走。

（7）不随意开启家中电器，特别是电熨斗、电取暖器等，不玩弄电线与插座。

常用报警电话号码

110 报警服务电话
119 火警报警电话
120 急救中心电话

图4-4　认识特殊电话号码

(8) 学会看一些标志,知道哪些物品有危险,不能玩,要远离等。

(七) 掌握简单自救方法

(1) 识别特殊号码 110、119、120 的用途,同时教育幼儿不可随意拨打这些号码。

(2) 熟记自家地址、电话号码、父母姓名,不轻信陌生人,若一人在家不随意开门。

(3) 背心短裤覆盖的身体部分不许别人摸。

(4) 遇到困难要学会求助,找警察或者老师。

四、加强教师自身的安全防护意识和能力

(一) 严格执行规范的安全制度

熟悉、了解幼儿园幼儿一日活动各环节的安全工作,知晓幼儿园的安全制度,能在日常工作中严格执行。

温馨小站

人身意外伤害保险

伤害事故保险救济中的商业保险方式有两种:一是学校投保校方责任险;二是学生自己投保意外伤害险。

校方责任险是一种因负赔偿责任而产生的保险,保险公司的赔偿范围限于被保险人依法应负责赔偿学生的直接实际经济损失,包括医疗费、住院伙食补助费、监护人误工费、护理费、残疾用具费、丧葬费、死亡补偿费、交通费等,保障了学校有能力支付巨额的赔偿金。

学生人身意外伤害保险是人身保险的一种,是被保险人在有效期内,因遭受事先约定的意外伤害而致死亡或残疾时,保险公司按合同约定给付保险金的保险。它是校方责任险的有益补充,可以保证受害学生即使从其他事故责任者(如学校)处获得了赔偿,仍可以从该保险项下获益。

(二) 参加安全教育和必要的安全技能培训

认真参加幼儿园及上级教育部门组织开展的安全教育和安全技能培训,比如教师一日工作常规、幼儿安全事故应急处理办法、消防知识等教育、培训。

(三) 学习相关的法律法规

认真学习《幼儿园工作规程》《幼儿园管理条例》和《中小学幼儿园安全管理办法》等,吸取各类案例、案件中的经验教训,强化自己的责任心,提高自己对安全事故的预见性,设法避免事故的发生。

（四）具有安全防护意识

做好班级中的环境、设施设备、玩具材料等方面的日常检查维护，及时消除安全隐患。发生意外时，优先保护幼儿的安全。

（五）储备相关知识，加强对幼儿、家长安全意识的教育

了解、学习《中华人民共和国民法典》《中华人民共和国教育法》《中华人民共和国义务教育法》《中华人民共和国职业教育法》《学生伤害事故处理办法》等，在日常工作中通过班级家长会、家长园地等向家长宣传安全教育知识等，加强家长的安全意识，帮助家长了解幼儿园和班级教师在幼儿安全方面所做的工作，能积极配合幼儿园和班级教师做好相关的安全工作。

英国儿童的十大宣言

1. 平安成长比成功更重要。告诉孩子，任何人也无权剥夺他的安全权，安全重于一切。

2. 背心裤衩覆盖的地方不许别人摸。孩子应当知道身体属于自己，身体的某些部分应被衣服所覆盖，不许别人看，不许触摸。

3. 生命第一，财产第二。有时，孩子们会担心被坏人抢去财产回家挨打受骂。应告诉孩子，他们的身体安全比财产重要得多。

4. 小秘密要告诉妈妈。向孩子保证，无论发生什么事情，只要孩子向父母讲明真相，父母都不会怪罪的，而且会尽力帮助孩子。当孩子讲实话时，他们应被充分信任。

5. 不接受陌生人的东西。有权不听陌生人的话，不喝陌生人的饮料，不吃陌生人的糖果。有权对毒品、烟酒坚决说不。

6. 不与陌生人说话。陌生人说话，孩子可以假装没听见，马上跑开。陌生人敲门可以不回答，不开门。告诉孩子，对陌生人不理睬是对的，小孩没有能力帮助陌生人，大人绝对不会认为这是不礼貌的。

7. 遇到危险可以打破玻璃，破坏东西。为保护自己，孩子有权打破所有规章和禁令。告诉孩子，在紧急之中，他们有权大叫、大闹、踢人、咬人，甚至打碎玻璃，破坏东西。

8. 遇到危险可以自己先跑。遇到坏人、地震、大火，孩子应当果断逃生，拔腿就跑。自警、自救、自助，可以不要等大人的指挥。

9. 不保守坏人的秘密。告诉孩子，即使他曾发誓不告诉别人，但遇到坏人欺负一定要告诉家长，这些秘密千万不要埋藏在心里。

10. 坏人可以骗。遇到坏人，可以不讲真话，机智应对，才是好孩子。

五、安全教育方面的家长工作

教师要有意识地指导家长在家庭中通过一定的内容和手段，对幼儿进行以爱惜生命、自

我防护、提高身体素质和应变能力为主要内容的安全教育。家园密切配合,加强幼儿的安全教育,提高幼儿自护能力,是预防幼儿园人身伤害事故的有效途径。

幼儿园要充分利用家长资源,有计划、有目的地指导家长对幼儿进行安全教育,树立安全意识,提高幼儿自护能力。

首先,帮助家长转变观念,形成正确的安全教育观。幼儿园可以通过宣传,对比国内外家长不同的安全教育理念,引导家长对自己习惯的安全教育观念进行反思;还可以请一些家长现场介绍,现身说法,用事实说明安全观念的转变带来的变化及实际效果,打消一些家长的顾虑。比如,在家庭中给幼儿提供剪刀、玻璃器皿等,让幼儿通过观察成人是如何安全使用的,从而逐步知道自己应该如何正确使用并保护自己不受到伤害。

其次,帮助家长掌握家庭安全教育的内容和方法。一是指导和加强幼儿体能锻炼,使幼儿的动作协调能力、反应速度以及四肢肌肉的力量逐步增强,从而提高幼儿自护能力。二是培养、训练幼儿养成良好的生活习惯,减少人身伤害事故的发生。良好的行为习惯可以帮助幼儿远离伤害,如喝汤前吹一吹,可以避免被汤烫到;吃饭时不说笑,可以避免异物进气管等。家长、教师相互配合,反复强调,持之以恒,帮助幼儿建立起良好的行为习惯,从而起到自我保护的作用。

同时,可以举办预防幼儿人身伤害事故的讲座、亲子活动等,开展家长志愿者活动,请家长参与到班级主题活动的布置、资料收集,让家长积极主动地帮助幼儿树立安全意识,掌握安全技能,从根本上预防人身伤害事故的发生。

突发事件应急处理

幼儿园组织教师中午培训,内容是"突发事件应急处理方法"。晓晓告诉王老师:"一看到'突发事件'几个字,我的心就在颤抖……"王老师也坦言:"不光你们新教师,我们老教师也一样。这确实是我们教师在班级管理中的不能承受之重啊!"

面对幼儿园中幼儿出现的各种紧急情况,园长、教师应沉着冷静,遇事不慌,指挥体系顺畅,应急人员落实到位。同时,在日常教学或培训教师活动中,做好面对紧急情况的预案,避免安全事故的发生;建立预警机制,对幼儿园现有设施要定期进行全面检查,对安全隐患要采取措施进行及时整改,防患于未然;做到组织机构健全,应急医务人员落实到位,职责明确,确保幼儿的生命安全。

一、突发事件的概念

我们在幼儿园班级管理中所说的突发事件,是指在没有预知的情况下,由于各种因素所导致的幼儿人身伤害等安全事件。其典型特征是事件发生带有很大的不可预知性、突发性、偶发性、随时性,若事件发生后不能及时进行应急处理或处理事件不力、不当,有可能会导致更严重的后果。

《纲要》指出:"幼儿园必须把保护幼儿的生命和促进幼儿的健康放在工作的首位。"

二、突发事件产生的原因

(1)幼儿年龄小,易出意外。

(2)制度不严,管理不善。

(3)设施存在着不安全的隐患。

(4)保教人员玩忽职守或者工作责任心不强。

(5)保教人员体罚或变相体罚幼儿,造成伤害。

(6)幼儿体质特殊或者疾病突发。

(7)家长的错误观念为幼儿安全留下隐患。

三、预防突发事件的防范措施

(1)建立安全制度,明确岗位职责。

(2)建立卫生保健制度,做好健康检查工作。

(3)创设安全的生活环境,消除不安全因素。

(4)强化安全意识,体现预防为主。

(5)保教人员要有高度的责任感。

（6）保教人员在工作中要特别细心。

（7）幼儿园要做好安全应急预案，并让保教人员知晓相关流程。

四、幼儿园常见小意外的应对方法和防范措施

（一）幼儿园常见小意外的应对方法

图 4-5　幼儿的争执易引发不良后果

1. 同伴抓伤或咬伤

争夺玩具或图书、意见不合、不会谦让……幼儿在班级一日活动中不可避免地会发生抓伤、咬伤、打伤等情况。

应对方法：容易发生争执的原因是不会协商。教师可以和幼儿讨论、交流如何和同伴交往。比如，对于想加入游戏的小班幼儿，可以学着说："我们一起玩好吗？"如果遭到拒绝，可以学着说："那我等会儿行吗？"

2. 跌伤或撞伤

幼儿在活动时，经常会突然跌倒；抛接物落在自己或同伴身上；从滑梯上或大型运动器械上不慎摔下来；彼此之间躲闪不及，发生冲撞磕碰等"小意外"。

应对方法：观察幼儿的活动，提前将可能发生的小意外的自我保护方法与应变技能告诉幼儿，同时可以引导幼儿交流讨论，分享经验。如：在玩抛接球时，告诉幼儿应该和同伴保持一定的距离，防止抛接物落在周围同伴的身上；有危险及时告诉幼儿，同时教给幼儿一些小技巧，比如在奔跑中，不能低着头向前猛冲，应注意观察周围的情况，避免与其他同伴相互碰撞而跌倒，如果不慎跌倒，可采用前趴的方法，防止头先着地等。

3. 异物塞入鼻孔或耳道

幼儿会带一些小饰品、小玩具到幼儿园来，上面常常会有装饰用的珠子、亮片等；班级自然角也有种植的花生、黄豆等。幼儿在午睡的时候很容易把这些塞到鼻腔里或耳道里。如果发现不及时，很容易带来隐患，严重的会造成呼吸困难甚至窒息等风险。

应对方法：入园前教师提醒幼儿并告知家长，不要带一些小饰品、小头饰到幼儿园来（不过有些幼儿还是会忘记，把自己喜欢的小饰品等带来）；每天来园时注意检查幼儿的随身物品；和幼儿一起讨论、交流这些物品的危害性，发现同伴有这些物品时，能及时告诉老师。

4. 被食物噎住

有的幼儿吃饭，喜欢边吃边玩，说说笑笑，食物容易误入呼吸道；或者是不仔细咀嚼，直接吞咽如馒头、圆子等，容易被噎住；或者是被一些坚硬的东西如鱼刺、鸡骨头等卡住，这些如果不及时发现和处理，情况会很危急。

应对方法：提醒幼儿饭菜在嘴里时不说笑，认真咀嚼食物多次后再吞咽，注意剔出鱼刺、

鸡骨头等,进餐时不囫囵吞枣。当有异物噎住或卡住时,及时用动作求助老师或同伴。

5. 烫伤

幼儿的皮肤稚嫩,很容易被开水、热粥烫伤,烫伤部位大都集中在头、脸、颈及胸部。

应对方法:这同样也是在家庭中幼儿最容易发生的意外之一。注意热水等不要放在幼儿可以触碰到的范围内,建议给幼儿喝的水、汤等,温度适宜后再拿进教室。一旦烫伤发生了,如果皮肤上没有伤口,仅是红肿,可马上用自来水冲洗,减轻疼痛和消除水肿;如果伤口严重,立即送往医院。[1]

(二)幼儿园常见小意外的防范措施

1. 7条幼儿应该知道的安全清单

(1)在教室里不要跑,小心撞到尖锐处,如桌角、柜角等。

(2)不带尖锐的、小颗粒等危险物品上幼儿园。

(3)走楼梯时,要看好脚下,不能推别人。

(4)包括花生、黄豆等在内的小玩具、小饰物不要衔在嘴里玩,更不要放进鼻子和耳朵里。

(5)身体不适、跌倒、摔伤,要及时告诉老师。

(6)不吃陌生人给的东西,不跟陌生人走,离开集体时要和老师打招呼。

(7)能记住并说出自己的姓名、家长姓名、电话和住址。

> **温馨小站**
>
> ### 新白雪公主
>
> 教师改编童话故事,幼儿在听故事的过程中,学会自我保护:
>
> 白雪公主深知男女有别,所以虽然跟7个小矮人是好朋友,但每次洗澡和换衣服时,她都会关好门窗,而且每晚都会回自己的房间睡觉。其实白雪公主并没有真的吃下巫婆给的毒苹果。她趁巫婆不注意,偷偷换了一个好苹果,然后假装中毒。如果真的中毒,怎么会那么容易就活过来呢?白雪公主会换苹果,是因为她知道,公主不能吃陌生人给的食物,否则自己就会有危险。而且当时小矮人不在家,如果直接揭穿巫婆的诡计,她可能会受到伤害……

2. 1个安全主张

在幼儿一日活动中,家长和教师口中那些所谓的"调皮"幼儿似乎常常要比那些听话的幼儿更"经摔"些,在幼儿园常见小意外中摔伤、骨折的大多是体能和协调能力相对较差的幼儿。教师应指导家长了解这条安全主张:注意安全并不等于限制幼儿的活动,为了避免安全

---

[1] 摘自中国教育在线《幼儿园易出现的3个小意外》,本文有改编.

事故而减少幼儿活动的想法是得不偿失的,只有幼儿更强壮、协调、灵活,才能更好地预防受伤。

案例

一张毕业照引发的官司及思考①

A幼儿园组织大班幼儿拍摄毕业照。拍摄前班级教师都对幼儿进行了安全教育,并在拍摄时由老师帮助上、下凳子,但幼儿张某没有听从老师的指挥,抢先下凳子,直接摔倒在地,致肱骨髁上骨折,构成十级伤残。事发后A幼儿园为张某支付了医疗费、住院费、营养费等,并在张某住院期间始终陪护,但张某家长还是要求幼儿园赔偿六万余元的护理费、精神损失费。

经法院审理,虽然幼儿园对幼儿进行了必要的安全教育,拍摄现场有老师管理、保护,尽到了其职责范围内的相关义务,但其中幼儿园所提供的小方凳是各自单独的,稳定性欠佳,应承担相应的赔偿责任,并判幼儿园赔偿幼儿张某家两万余元。

评论及建议:

(1)幼儿年龄小,行为难控制,拍摄毕业照时应尽量避开危险。

案例中虽然老师对幼儿做了要求,但因为幼儿年龄偏小,不可能完全按照老师的指示去做,因此幼儿园在教学活动中应该注意避开所有可能发生危险的因素。建议幼儿园毕业照拍摄时尽量不用凳子这类可能发生危险的道具,可以利用台阶等进行拍摄。

(2)园长和老师应在毕业活动中更多关注幼儿安全。

幼儿园面临的教育对象年龄小,不管组织何种形式的教育教学活动,园长和老师应对各方面事务和可能有的风险都要有预案,事先做好预防措施,并认真对待每个环节,不因事小而不为,不因琐碎而简化。

五、突发事件发生后的善后处理②

(一)幼儿方面

1. 及时处理受伤幼儿

事故发生后,教师应运用相应的护理知识,根据幼儿身体状况和受伤程度、受伤部位的不同,对受伤幼儿采取不同的护理方法。如当幼儿受伤时,教师要马上判断幼儿受伤的大致程度,程度轻的表皮擦伤,可自行处理;程度重的,如伤口流血、骨折等情况,在叫保健医生的

① 李小红. 一张毕业照引发的官司及思考[J]. 早期教育(教师版),2007(12):37. 本文有改编.
② 摘自中国幼儿教师网《幼儿安全事故的善后处理》. 本文有改编.

同时应为幼儿止血,使幼儿受伤的肢体保持不动;幼儿园不能解决的,要马上送幼儿去医院作处理,不得延误治疗时机。

2. 保护幼儿的心理

幼儿受到伤害,容易产生恐惧心理,教师应及时帮助他们消除恐惧,给予更多的抚爱,鼓励他们勇敢面对。由于幼儿对于成人的言行很敏感,会因为成人的担忧、焦虑而产生不安全感,有的突发事件是一个幼儿对另一个幼儿的伤害,教师当时千万不要当面指责伤害者,以免让幼儿产生心理负担。教师要在突发事件后尽早关注幼儿,对幼儿施以心理干预,让其重新获得情绪情感上的安全感。例如拥抱幼儿、对幼儿微笑或与幼儿身体接触等,给幼儿确定的安全感,并使幼儿感受到教师对自己的关爱,减少幼儿因无法预知而产生的恐惧。

3. 抓住教育契机

幼儿身边发生安全事故,教师应及时抓住教育契机,引导幼儿讨论、交流事故发生的原因及避免事故发生的做法,和幼儿讨论可能使他们害怕的事情等。因为教师与幼儿一起讨论自己在面对害怕甚至恐惧的事情时的感觉,会给幼儿以安慰,同时要让幼儿感受到害怕的事是可以控制的,是会有人给予帮助的,如教师可以说:"在马路上我看到刮台风时非常害怕,但是我知道马上就会有人来救我。"同时,还应教育全班幼儿关心受伤的幼儿,渗透情感教育。

(二) 家长方面

1. 及时通知受伤幼儿的家长

应急处理
流程

幼儿在园发生安全事故后,班级教师应及时告知家长真实情况,还可征求家长的处理意见,不要等到家长来园接幼儿时才说,应尊重家长应有的知情权。

2. 做好受伤幼儿家长的安抚工作

幼儿发生安全事故,任何一个家长都会伤心、难受,有的家长言语上仍然会像往常一样通情达理,但有的家长则会一改往日的温和,对幼儿园或教师大加指责。此时不论家长态度如何,教师都应换位思考、理解家长,主动上门诚恳地向家长致歉,并详细地介绍事故发生的经过,与家长交流日后对幼儿的护理,协调好与家长的关系。

案例分析

某幼儿园大班午睡前,教师在活动室督促幼儿收拾整理游戏材料。先进去的几名幼儿在过道玩,一幼儿不小心摔倒在地上,其他幼儿赶紧告诉当班老师,教师立即检查,发现其没有外伤,两只胳膊也能动,幼儿自己也没有异常反应,便安抚其入睡;交接班时,由于教师疏忽,未将该情况交接给下午班的教师。幼儿起床时,下午班的教师发现该幼儿穿衣服时抬不起胳膊,翻开衣服发现右肩处红肿,随即将幼儿送医务室,保健医生检查后,建议马上到附近医院拍片检查。经医院检查,该幼儿锁骨骨折,之后通知其父母,父母将幼儿领回家,于第二日向幼儿园提出幼儿住院并要求赔偿的要求。

请结合本单元所学内容,对此事件进行分析。

主题讨论

针对新闻中多起有关校车接送幼儿时发生闷死幼儿事故的报道,讨论、分析事故发生的原因,找出存在的问题,提出整改以杜绝类似事件再度发生的行之有效的措施。

视野拓展

1. 中华人民共和国教育部.学生伤害事故处理办法.2002.
2. 中华人民共和国教育部.中小学幼儿园安全管理办法.2006.
3. 中华人民共和国卫生部,教育部.托儿所幼儿园卫生保健管理办法.2010.
4. 中华人民共和国卫生部.托儿所幼儿园卫生保健工作规范.2012.
5. 中华人民共和国国务院.校车安全管理条例.2012.

阅读思考

1. 建议阅读《儿童早期教育中的安全、营养与健康》([美]凯西·罗伯逊著,刘馨等译.北京师范大学出版社,2018)一书中第二章"安全环境的创设"(第55页),了解有关"儿童伤害事故 ABC"的有关内容,并与同学们讨论交流对"伤害事故三要素"的理解。

2. 同时结合本单元所学内容,请你谈一谈在班级一日活动中如何运用伤害事故三要素理解伤害事故发生时的周围情况,从而做好班级一日活动中各项安全工作,有效避免伤害事故的发生。

第五单元

西风愁起绿波间
——班级保健工作

 单元概要

本单元主要介绍了教师在日常班级管理过程中的保健工作。其中第一节阐述了班级日常保健工作;第二节重点介绍了班级管理中一些特殊的保健工作。

 思政要点

关爱幼儿,把幼儿的保健工作放在班级管理工作的重要位置,养成严格、仔细的工作作风。

 重点

① 了解班级日常保健工作。
② 熟悉班级特殊保健内容。

 难点

正确开展班级管理中的保健工作,保证幼儿健康快乐成长。

 关键词

晨检、体检、预防接种、传染病、隔离班、疫情班。

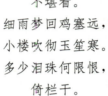

摊破浣溪沙

作者：李璟

菡萏香销翠叶残，
西风愁起绿波间。
还与韶光共憔悴，
不堪看。
细雨梦回鸡塞远，
小楼吹彻玉笙寒。
多少泪珠何限恨，
倚栏干。

　　随着学前教育的发展，对于幼儿教师的要求也越来越全面，幼儿教师在日常的班级管理工作中，不仅需要做好班级的日常教学工作，而且需要关注班级的保健工作，具备初步的幼儿保健知识和保健技能，只有这样才能让班级管理工作更加全面、完善。

　　班级保健工作如同诗句中的"西风"，让我们的班级管理工作泛起涟漪，如果我们教师能够掌握更多的有关幼儿保健的常识，那这"西风"就不会让教师在日常班级管理工作中"憔悴""限恨"……

第一节 班级日常保健工作

晓晓已经喜欢上和班级幼儿们在一起的日子了——有时喜悦,有时激动,但也有忧愁,也有烦恼,尤其是幼儿们身体不适或生病的时候,看着孩子们泪眼婆娑、病态快快的样子,晓晓深深地体会到王老师所说的"恨不得生病的是自己"那句话的含义了。

那么,作为班级教师,晓晓应该了解哪些保健知识,从而更好地在日常班级管理工作中帮助幼儿、指导家长呢?

一、保健工作常识

(一)体检

(1)新入园的幼儿必须持有体检卡(上海地区的体检卡全称为"上海市托儿所幼儿园儿童健康检查表",见图5-1)及预防接种卡,并且入园体检合格后方准入园。一般要求在幼儿入园前一个月内到所在地医院进行体检。

图5-1 健康检查表

 思考 幼儿离园超过一个月,需要重新体检吗?

(2)协助幼儿园保健教师做好班级幼儿的年度体检(包括尿检、血色素检查、视力检查等),对于体检中发现问题的幼儿要及时提醒家长到相关医院检查、复诊;了解基本的健康数据以及数值的标准含义,并能指导家长正确阅读幼儿的体验数据。

保健工作
常识

 思考 你知道常规幼儿尿检、血色素的正常指标吗?你了解不同年龄段幼儿视力的正常指标吗?

(3)保教人员按照规定每年都要参加相应岗位的年度工作健康体检,必须持有当地妇幼保健医院发放的健康证才能上岗。

(二)药品

(1)不得擅自接收家长给的药品让幼儿服用或使用。在召开班级家长会的时候,教师要特别强调说明这点,家长带来的药必须是处方药,晨检时出示医生处方,药品应交给保健教师保管,并做好"幼儿委托服药登记表"(见表5-1)的填写,由保健教师按医嘱处理。

表5-1　幼儿委托服药登记表

日期	班级	幼儿姓名	服药原因	药品名称	剂量	家长签名

(2)要求家长给服药幼儿带到幼儿园的药外包装上写明幼儿班级和姓名及单次剂量;药量应该是在园服用完的量;如是无法分配药量的药品(如止咳药水、眼药水等),幼儿离园时务必把药品交给家长带回家,严格执行幼儿药品不在园过夜制度。

(3)药品必须放在教室中幼儿接触不到的地方。

案 例

宝宝的一包药

早晨幼儿来园高峰,宝宝的奶奶看见我,连忙把我拉到走廊一角,拿出一个密封袋,"张老师,这是宝宝今天中午午餐后要吃的药,麻烦您到时提醒她吃一下。"

想到之前的保健宣教,我一边接过奶奶手中的药,一边仔细询问起来:"宝宝奶奶,宝宝什么毛病呀? 谁带她去的医院呀?"

奶奶解释道:"就是有点咳嗽,没带她去医院,把之前医生给我配的咳嗽药少拿一点给她吃吃。"

"宝宝奶奶,这可不行哦! 您不记得上次我们家长会上讲过吗?"我启发宝宝奶奶。

"好像是讲过,一定要医生开的药,我这不也是医生开的药吗!"奶奶有点着急了。

我安慰道:"宝宝奶奶,您别急,这药是医生开给您的,可不是按照宝宝的病情开给宝宝的,我们可不能随便把药给孩子吃呀! 另外,如果带宝宝去医院,医生看过配好药,您一定要在晨检时把病历卡出示给保健老师看,并把药交给保健老师,然后填好服药委托书,由保健老师根据医嘱喂药。别的忙我可以帮您,这药的事可一定不能帮您,那是对宝宝不负责任了!"

宝宝奶奶听我这么一说,一个劲地表示,刚才其实给过保健老师,就是因为没有病历卡,保健老师没有收,才想给我试试的,宝宝奶奶决定马上带宝宝到医院就诊,不给我们添麻烦了!

我也庆幸自己,按照保健的规定处理好了这一包药。

根据所学内容，请你评析案例中教师的做法。

（三）预防接种

（1）提醒家长做好幼儿的预防接种工作。同时教师也要认真阅读幼儿预防接种卡上登记的幼儿各类信息，如是否是过敏体质等。

（2）协助保健教师做好幼儿漏种补种工作。根据保健教师核查的情况，提醒家长按照规定及时给幼儿补种相关的疫苗。

（四）体弱儿管理

（1）了解体弱儿成因分类：主要有肥胖、缺铁性贫血、营养不良、生长迟缓、佝偻病、先天性心脏病等。

（2）保护家长和幼儿的隐私权，不在公开场合发布信息、讨论幼儿生长发育状况。

（3）根据每年新的体检，保健教师会重新整理班级体弱儿名单，建立体弱儿档案，班级保教人员要知晓自己班级的体弱儿名单和情况。同时，班级保教人员也要帮助相关幼儿知晓和了解。如，可以通过图片提示的方法制作"班级幼儿健康墙"，使幼儿参与到自我健康的管理中。

（4）配合幼儿园保健教师开展各类体弱儿矫治工作。

不同类型体弱儿矫治的方法和注意事项有哪些？

二、做好日常保健工作

（一）做好幼儿的全天观察记录

表 5-2 晨检检查及全日观察异常情况记录

日期	姓名	晨检情况			午检情况		全日观察情况		交班要点	
		体温、精神、口腔、皮肤等	家长代诉	处理	体温、精神、食欲、皮肤等	处理	体温、精神、食欲、大小便、睡眠	处理	用药	签名

1. 来园时与家长及时交流

（1）发现幼儿身体、情绪异常，应及时和家长沟通，了解相关情况，妥善处理，并做好记录。

（2）如果前一天幼儿在园或在家发生了特殊情况，保教人员应利用晨间接待的机会，与家长、幼儿简单交谈，并做好记录和处理。

2. 采取措施，防患未然

防止患有传染病或病情未好的幼儿进入班级，幼儿必须持有医院相关证明方可回班；发现疑似传染病幼儿应在第一时间上报保健教师及园领导，根据园所相关预案，采取应急措施。

3. 做好幼儿的全天观察记录工作

观察并做好晨检、午检等记录（见表5-2），掌握班级中有特别情况的幼儿（比如身体不适或需要服药的幼儿）。

（二）做好因病缺席登记工作

表5-3　幼儿因病缺席登记表

序号	幼儿姓名	缺席日期	家访日期	缺席原因				家访形式			联系人
				因病病名	家中有人	走亲戚	去外地	家访	电话询问	家长请假	

（1）及时了解班级中未来园幼儿的情况，做好班级中幼儿的因病缺席登记工作（见表5-3）。

（2）及时对未来园幼儿进行家访：可以是电话家访，也可以根据幼儿的情况（比如突发重病等）联系家长上门家访。

（3）日常沟通中要求家长及时沟通幼儿不来园的信息及原因，以便做好班级的相关工作，如传染病隔离等。

（三）观察预防接种和服药等幼儿的情况

（1）对于班级中当天进行预防接种的幼儿要相应地减少运动量，按照规定提醒其喝水或少喝水等。

（2）对于服药的幼儿，要观察其在日常活动中的情况（如餐点前后、运动前后、午睡前后等），及时提供帮助。

温馨小站

"会说话的"晨检牌

　　上海大部分幼儿园使用的晨检牌标识如下——红色代表健康，黄色代表需要吃药，蓝色代表不能吃海鲜，绿色代表有不适待观察或个人卫生有情况（如手指甲过长）等。

（3）倾听、重视身体不适幼儿的口述，根据幼儿情况，及时请保健教师检查，做出判断是否联系家长进行进一步的检查、诊断，同时避免家长不必要的恐慌。

（4）离园时及时和家长交流、反馈幼儿在园的情况，以便家长后续处理。

（四）做好日常体弱儿的护理工作

（1）根据天气变化，特别是运动及午睡前后提醒幼儿及时增减衣物。

（2）适当延长睡眠时间：午睡时早一点安排睡下，晚一点唤醒起床。

（3）根据身体状况，及时调整运动量，保证户外锻炼时间。如对于肥胖儿，可以在户外运动时适当增加运动量，提高运动强度，或延长一点运动时间等。

（4）根据矫治需要，安排进餐情况：肥胖儿午餐时先喝汤，再吃饭；营养不良、生长迟缓、贫血儿等午餐、午点后添食，增加食物品种或者食物量等。

（5）对于有特殊需要的幼儿给予关注，同时帮助幼儿知晓和了解，能在有需要的时候提醒或呼唤保教人员。如，对某些食物过敏的幼儿，当餐点食物中含有过敏成分时，保教人员要为其准备并提供其他安全食物。

> **温馨小站**
>
> 针对肥胖儿的日常保健，班级保教人员可以做如下一些工作：
>
> 1. 帮助幼儿并指导家长使其养成科学饮食行为。
> 2. 保证幼儿在园运动时间及运动的良好习惯。
> 3. 做好幼儿体重及生长发育的监测，做好相关干预。
> 4. 将日常膳食营养和运动知识融入幼儿一日活动常规教育之中。
> 5. 教育幼儿正确认识幼儿超重肥胖，避免对肥胖儿的歧视。

三、掌握保健常识

（一）空气质量指数

空气质量指数是指定量描述空气质量状况的无量纲指数。参与空气质量评价的主要污染物包括细颗粒物、可吸入颗粒物、二氧化硫、二氧化氮、臭氧、一氧化碳六项。

2012年的新规定将空气质量指数（AQI）替代原有的空气污染指数（API）。一般要求如果当天空气质量指数为轻度污染，则当天幼儿园的所有户外运动减少；中度污染，户外运动减半；重度污染，取消当天所有的户外运动。

> **温馨小站**
>
> 上海市教委、市环保局共同建立中小学校和托幼机构户外活动空气质量预警联动机制，当上海空气质量状况达到或超过预警阈值，市环境监测中心即向市教育督导中心等发送预警信息，借助"上海教育督查"短信平台通知各中小学、幼儿园采取相关应急措施。

（二）隔离①

隔离是指将传染病人或带菌者安排在特定环境中，不与外界接触，使患者能得到及时的隔离治疗，以便于管理和消毒，目的是防止传染源向外扩散。

（三）消毒②

消毒分为疫源地消毒和预防性消毒两种。

1. 疫源地消毒

疫源地消毒是指对现在存在或曾经存在传染源的疫源地进行消毒，目的是杀灭由传染源排出的病原体。根据实施消毒的时间不同，分为终末消毒和殖时性消毒。终末消毒是指当病人或带菌者已离开，在疫源地进行最后一次彻底消毒。如托幼机构发生了传染病后，应对发病班级进行终末消毒。

2. 预防性消毒

预防性消毒是指没有发现明显的传染源，但场所和物品可能受病原体的污染，也需进行消毒。如班级中幼儿使用的玩具、毛巾、餐具、便器等，每日保育师进行的1—2次消毒均属于此类消毒，目的是切断传播途径。

（四）检疫期限

接触过传染病人的人叫接触者。对接触者进行医学观察称为检疫。检疫期限就是从最后一例传染病人隔离起至该病最长潜伏期为止。如医学观察期间出现新病例，则从最后一个病人隔离日起重新计算医学观察期。

班级中发生传染病，应做好发病登记，配合保健教师及时做好传染病报告，立即隔离传染病（或疑似）幼儿，做好终末消毒。在医学观察期间，不与其他班级并班、升班和接收新生。环境及各种物品应严格按照要求进行消毒。

四、加强洗手及教育幼儿掌握正确的洗手方法

（一）加强洗手

1. 小班

（1）在保教人员提醒下知道饭前、便后及手脏时洗手。

（2）在保教人员帮助下，知道洗手前要挽袖子。洗手时不玩水、不玩香皂。

（3）能在保教人员的提醒和帮助下洗净双手。

2. 中大班

（1）洗手前会挽袖子，节约用水。

---

① 张徽. 幼儿卫生与保健[M]. 上海：华东师范大学出版社，2014.
② 同①.

（2）饭前、便后及手脏时能主动洗手。

（3）能有秩序地排队等候洗手。

（二）洗手的正确方法

正确的洗手步骤如图 5-2 所示。

第一步：掌心擦掌心

第二步：手指交错，掌心擦手背

第三步：手指交错，掌心擦掌心

第四步：两手互握，互擦指背

第五步：拇指在掌中转动搓擦

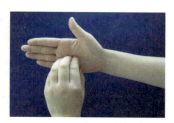
第六步：指尖摩擦掌心

第七步：转动手腕搓擦

第八步：拿条毛巾擦一擦

图 5-2　正确洗手八步曲

（三）手足口病的预防

作为春夏常见多发的传染病之一，手足口病"偷袭"对象多为儿童，主要集中在 5 岁以下的婴幼儿。

手足口病是一种肠道疾病，潜伏期一般 2—7 天，没有明显的前期症状，多数病人突然起病。初期可能有轻度上呼吸道感染症状。手、足、口病在同一患者身上不一定全部出现。水疱及皮疹通常会在一周后消退。

预防手足口病关键是做好日常生活中的预防，基本措施主要有：勤洗手以及养成健康的生活方式；避免接触手足口病的病人；少去拥挤的场所；不要过于劳累，增强免疫力。这些都可以预防手足口病。

常说的"十五字"预防是指：常洗手、勤开窗（通风）、喝开水、食熟食、晒衣被。

温馨小站

儿童发烧并不是坏事

　　幼儿教师经常遇到幼儿在幼儿园发烧的情况,教师通常的做法是立即通知保健医生,把幼儿送往医务室,同时给幼儿的父母打电话。

　　造成发烧的原因非常多,对于幼儿而言,即便是一个生日会、一趟长途旅行、天气突然转变、受寒或长新牙等,都可能造成身体过度负担,而致身体易于受到细菌、病毒侵袭、感染。

　　发烧是身体对抗疾病,也是奠定健康基础的高效反应。幼儿发烧时,应立即带幼儿前往医院,请医生诊断治疗,切不可大意,以免贻误治疗的最佳时间。家长千万不要自行给幼儿以药物退烧或服用抗生素,有时可能是帮倒忙,反而阻断了幼儿自身在发烧时所启动的防御机制,并可能影响医生的诊断。大家可以阅读米凯拉·格洛克勒(Michaela Glckler)所著的《儿童健康指南》一书。

五、做好食品安全卫生工作

　　教育部、市场监督管理总局和国家卫生健康委员会2019年2月颁布了《学校食品安全与营养健康管理规定》,其中第十三条规定了中、小、幼集中用餐"陪餐"制度,对食品安全卫生的监控提出了更高的要求。

　　在班级日常管理中,保教人员要严格做好食品安全卫生工作,同时通过各种途径,向家长宣传。比如在幼儿过生日时,不能把在外面订购的生日蛋糕带到班级中与班级幼儿分享。幼儿进餐时注意观察食品的色、香、形,及时听取幼儿对食品味道的反馈,提高把控幼儿餐点食品安全的意识,杜绝幼儿进食不洁食品。

班级特殊保健工作

晓晓真是羡慕班级保育师李老师，常常把手放在幼儿们的头颈后一摸，就能八九不离十地判断出幼儿是否发热了，晓晓希望自己也能成为这样的"能人"！

李老师笑道："很简单，有空你多学习，一定没问题的！"

一、正确认识一些幼儿特殊病情，进行正确的班级特殊保健工作

建议新生入园时填写"幼儿既往病史告知表"，请家长提前将幼儿入园前的病史如实填写在表中，班级保教人员及时与家长交流、沟通，了解幼儿相关病情发生时及时、可行的处理办法，以便第一时间帮助发病幼儿。

（一）高温惊厥

幼儿惊厥中最为常见的是高温惊厥。惊厥一般发生在体温骤升达到 38.5℃ 至 39℃ 时，人体会出现意识丧失，全身对称性、强直性阵发痉挛，还伴随双眼紧闭、斜视、上翻等。

1. 处理办法

保持呼吸道畅通，使患儿平卧，头偏向一侧，托起下颌，防止舌根后坠堵塞呼吸道。用拇指按压人中穴，如有高温，需立即物理降温。同时立即送医院或拨打 120 急救。

2. 预防措施

通过家长填写的"幼儿既往病史告知表"了解，同时辅以入园前询问家长或请家长及时告知，消除家长的顾虑。对于有高温惊厥史的幼儿日常加强全日观察，提醒家长及时告知幼儿在家身体情况，一旦发现发热，立即做好物理降温，及时就医。

（二）癫痫

癫痫俗称"羊角风"，是大脑神经元突发性异常放电，导致短暂的大脑功能障碍的一种慢性疾病。

1. 处理方法

发作时应立即扶住患儿，尽量让其慢慢倒下，以免跌伤。趁患儿未紧闭嘴之前，迅速将软布等垫在患儿上下齿之间，预防咬伤舌头。对于已经倒地且面部着地的患儿，应马上将其翻身，以免呼吸道堵塞。如此时患儿已牙关紧闭，不可强行撬开，否则易造成牙齿松动脱落。可解开患儿衣领和裤带，使其呼吸畅通。为防止呕吐物吸入气管，应始终守护在患儿身旁，随时擦除呕吐物，及时就医或拨打 120 急救。

2. 预防措施

通过家长填写的"幼儿既往病史告知表"了解，同时辅以入园前询问家长或请家长及时

告知幼儿有无癫痫史，消除家长的顾虑。在园一日活动中加强对幼儿的全日观察，一旦发生，迅速处理，情况严重者及时就医。

（三）过敏

过敏是指对某些物质（如花粉、食物或药物）、境遇（如精神、情绪激动或暴露阳光）或外物理状况（如受冷）所产生的超常的或病理的反应。简单地说，就是对某种物质过度敏感。

1. 处理方法

发现有过敏原及时隔离或消除。如患儿已过敏，带其离开过敏原或不再接触过敏原。

2. 预防措施

通过家长填写的"幼儿既往病史告知表"了解，同时辅以入园前询问家长或请家长及时告知幼儿有无过敏史。如果发现环境中有过敏原，马上隔离该幼儿或及时就医。如：对餐点中的某些食物（如虾等海鲜）过敏，则调整食谱；蚊虫叮咬后不能抹花露水，则改为使用其他止痒药等。

（四）脱臼

脱臼也称关节脱位，是指构成关节的上下两个骨端失去了正常的位置，发生了错位。

1. 处理方法

一旦发生，应让患儿受伤的关节安静地固定在患儿感到最舒适的位置，尽可能在进行妥善固定后，迅速就医。注意为患儿脱衣时，应先脱正常一侧的，再脱受伤一侧的，穿衣服则相反。

2. 预防措施

通过家长填写的"幼儿既往病史告知表"了解，同时辅以入园前询问家长或请家长及时告知幼儿有无脱臼史，家中经常采用的处理办法有哪些。日常工作中注意，避免患儿易脱臼的关节用力，如不能自行复位，及时就医。

案例

新生入园家访的时候，天天的爸爸告诉我，天天的左胳膊肘从小就有习惯性脱臼，以后到幼儿园要特别当心。不过如果天天告诉老师脱臼了，老师怎么判断是否真的脱臼了呢？可以试一试这个办法：让天天左手去摸右耳垂，如果摸得到就没有脱臼，可能是胳膊有点不舒服，不用送医院；如果摸不到，那肯定是脱臼了，要马上送医院。

天天爸爸的"偏方"真有用！天天后来在幼儿园发生了几次脱臼，首先我们不着急、不惊慌失措，而是用这个偏方鉴别，保证在第一时间进行了正确的处理。

（五）骨折扭伤[1]

骨折是常见的幼儿外伤之一，大多数是由摔伤和运动所致。骨折后可能出现患肢局部疼痛和肿胀，移动患肢时加重。扭伤关节可出现肿胀和瘀青。

1. 急救措施

在不确定幼儿受伤有没有骨折时，都可以执行下面急救操作：

（1）确保现场环境安全，拿到急救包。

（2）用干净的敷料盖住开放性伤口。

（3）受伤部位冰敷或冷敷。注意，冰袋和皮肤之间要隔一块毛巾，冰敷时间不可超过 20 分钟。

（4）立即拨打 120，特别是存在大的开放性伤口，受伤部位异常弯曲，骨折以下部位的手或脚出现发紫或变冷等情况时。

（5）夹板固定，杂志、卷起的毛巾或几块木头都可以用来做夹板，用围巾做成吊带。夹板可以保护肢体避免不必要的移动，直至到达医院就诊。通常夹板应该由保健医生来固定。

2. 需要特别注意的事

（1）如果受伤部位很疼，提醒幼儿在接受检查之前避免活动这个部位。

（2）教师对幼儿是否骨折的判断很困难，即使幼儿肢体能移动，也可能有骨折。注意观察有无水肿、疼痛、拒按（保护性）、跛行及运动受限等表现，如果疑有骨折，马上送医院诊治。

（3）如幼儿腿骨骨折，不要试图自行搬动，一定等待救护车急救人员运送。

（4）没有征求医生的意见前，先不要给幼儿吃东西、喝饮料或服用止痛药。因为如果需要手术，那么给幼儿吃喝的东西都会增加麻醉的危险性；止痛药可能因药物的相互影响而对接下来的治疗产生干扰。

（5）不要试图将骨折处推回原位（复位），未经正规训练者不要使用止血带。

（六）异物处理办法[2]

在日常活动中，如幼儿将一些东西弄进耳朵或鼻孔里的时候，教师千万不能慌乱，本身异物进入耳鼻后幼儿会恐惧大哭，如果教师再不冷静，幼儿会更没有安全感。在意外出现的时候，教师需冷静、沉着应对。

1. 小虫进入幼儿的耳朵后的处理方法

在幼儿园户外活动时，常会发生小虫子进入幼儿耳朵的事情，严重者会损伤耳膜，导致耳聋。小虫子进入耳朵后，教师可以采取以下几种办法：

（1）用手使劲按住没有虫子的那只耳朵，以促使虫子倒退出来。

（2）用手电光照射耳内，可把虫子引诱出来。

（3）用香烟烟雾把虫子熏出。

---

[1] 摘自健康宝贝网《急救攻略之骨折扭伤》.
[2] 活动时异物进入幼儿耳鼻的处理方法. 星晨学前教育中心（微信公众号）. 2014 - 10 - 9.

（4）向耳内滴少许麻油或色拉油，就可使小虫淹毙或逃出。

2. 异物进入幼儿鼻子的处理方法

由于幼儿的好奇心特别强，经常会有个别幼儿将身旁的东西如豆类、扣子、纸屑、弹球、橡皮擦等放入自己或同伴的鼻孔里。异物进入鼻子，若时间太久容易导致异物胀大、呼吸困难、鼻腔发炎等，所以应尽快将异物取出。教师可以采取以下几种方法：

（1）若异物在鼻内深处，从外面无法看见时，不要勉强想办法取出，应送医院请耳鼻喉科医师帮忙取出。

（2）若异物有一部分露在鼻外，先让幼儿安静坐好，再用圆头小钳子轻轻地取出。不过要注意的是若幼儿乱动很容易伤到鼻黏膜，或是把异物推入更深处，所以对于好动的幼儿，最好不要使用上述方法，否则可能会有反效果。

（3）堵住没有异物进入的鼻孔，用力擤鼻子，或用纸捻刺激鼻黏膜，使幼儿借着打喷嚏将异物喷出鼻外。

3. 幼儿眼睛里进入异物后的处理方法

如果发现有煤屑、沙子进入幼儿的眼睛里，教师要用语言提示幼儿千万不要用手去揉眼睛，等待老师帮助取出或带去看医生。教师可以尝试采取下列方法：

（1）异物进入眼睛便会引起流泪，这时可以用手指捏住眼皮，轻轻拉动，使泪水进入有异物的地方，将异物冲出来。

（2）可以用食指和拇指捏住眼皮的外缘，轻轻向外提翻，找到异物，用嘴轻轻吹出异物，或者用干净的手帕轻轻擦掉异物。翻眼皮时要注意将手洗干净。

（3）如果眼中的异物已经嵌入角膜，或者发现别的异常情况，千万不要随意自行处理，必须立即送医院请医生处置。

（七）食物、异物卡住喉咙的处理方法

食物、异物卡住喉咙并不少见，如果卡得比较浅，咳嗽几下就能出来。但是幼儿自我保护能力较差，所以日常要以预防为主，告知幼儿吃东西时不能大声说笑，不能囫囵吞枣，尽量细嚼慢咽。

发生食物或异物卡住时，第一重要的就是及时送医院，并在医嘱下及时开展科学自救。

1. 急救对象是3岁以下幼儿

教师应该马上把幼儿抱起来，一只手捏住幼儿颧骨两侧，手臂贴着幼儿的前胸，另一只手托住幼儿后颈部，让其脸朝下，趴在教师膝盖上。在幼儿背上拍1—5次，并观察幼儿是否将异物吐出。如图5-3所示。

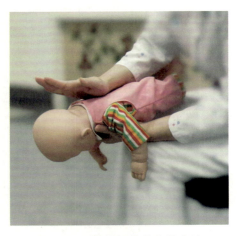

图5-3　3岁以下幼儿急救方法

2. 急救对象是 3 岁以上幼儿

教师站在幼儿背后,用两手臂环绕幼儿的腰部,然后一手握拳,将拳头的拇指一侧放在幼儿胸廓下和脐上的腹部。再用另一手抓住拳头,快速向上重击压迫幼儿的腹部。重复以上手法直到异物排出。如图 5-4 所示。

图 5-4　3 岁以上幼儿急救方法

二、做好新入园幼儿的保健工作[①]

(一)新入园幼儿易生病原因分析

1. 幼儿自身体质特点

新入园的幼儿多为三岁左右的孩子,机体抵抗力比较差,身体各器官处于未成熟状态,但生长发育迅速,更需要保证其拥有均衡的营养、充足的睡眠、一定的户外锻炼。否则,内外因素作用,新入园的幼儿很容易出现疾病。

2. 情绪焦虑

幼儿新入园时,因为与依恋对象分离,对陌生环境和陌生人容易产生不安全感和恐惧感,出现分离焦虑。有关研究数据表明,新入园幼儿分离焦虑持续一周的占 15%,持续两周的占 65%,三周以上的占 20%。很多幼儿都会在刚入园这一段时间内身体不适。

3. 生活规律改变

依据动力定型原理可知,幼儿在家一直由家人照顾饮食起居等日常生活,入园前已形成了自己的生物钟和生活规律,其吃饭、睡觉、游戏等活动时间与幼儿园的安排不同,刚入园时常不适应,易生病。

此外,入园后照料方式的变化(在家基本上是家人对幼儿,即一对一甚至多对一的照料,入园后为教师对幼儿,即一对多的照料)、饮食发生改变(家中的饭菜很多时候会迎合幼儿的胃口,而幼儿园的饭菜较多元化,幼儿有时会出现厌食、挑食、暴食等表现)、睡眠环境发生改变等加重幼儿的不适应,无形中增加了患病的几率。

4. 交叉感染机会增多

幼儿从出生至六个月,依靠来自母体内的抗体维持自身的免疫,能在一定程度上预防疾病。六个月以后,来自母体的抗

> **温馨小站**
>
> **动力定型原理**
>
> 动力定型原理是指当身体内、外部的条件刺激按照一定的顺序多次重复不变后,大脑皮质的兴奋和抑制过程在时间、空间上的关系就固定下来,前一种活动成为后一种活动的条件刺激,条件反射的出现越来越恒定和精确。

---

① 摘自中国幼儿教师网《新入园幼儿易生病现象之探析》。此处有修改.

体逐渐消失,幼儿必须建立自己的免疫系统。但是由于六个月到入园前的幼儿都是在家庭中养育,环境比较单一,交叉感染和患传染性疾病的可能性非常低,所以患病率并不高。这段时间里,幼儿体内的免疫系统并没有得到很好的发展,当幼儿进入幼儿园,在共同生活的集体环境当中,交叉感染的可能性增加,就很容易生病。

5. 周末作息安排的改变

幼儿周一生病,大多都是因为周末生活作息时间被打乱引起的。双休日,家长可能会带幼儿走访亲朋好友或外出游玩等。人多时最容易打乱幼儿的生活规律,出现"三乱"的情况,即乱睡、乱吃、乱大小便。周一父母该上班了,可幼儿却生病了。

6. 天气变化

幼儿新入园的时间多为秋季。秋季,天气多变,有时连晴几天,仿佛回到盛夏,日头甚毒,民间有"秋老虎"之称;有时候碰上风雨,温度马上就降下去。此外,入秋后一天早晚的温差也较大,在我国北方尤其明显。加上幼儿机体的调节能力差,在秋季入园,很容易因穿脱衣服不及时,出现呼吸系统、消化系统等方面的疾病。

(二) 做好新入园幼儿保健工作的途径

1. 家园沟通,作息保持一致

通过家访让家长了解幼儿园的一日生活安排,从幼儿入园前的一两个月开始,与幼儿园的作息时间保持一致。如:安排无午睡习惯的幼儿午睡;晚上按时睡觉,充分休息;两餐间配置点心、水果等;合理安排作息制度,动静交替,防止兴奋后产生过度疲劳等。

2. 心理辅导,减少分离焦虑

(1)幼儿入园前,鼓励家长常带幼儿去幼儿园游玩(如在其他幼儿做操、离园时),共同阅读相关书籍,使其明白上幼儿园是每个幼儿必经的阶段,那里有很多小朋友一起玩,玩够一天后亲人就会接其回家,以增加幼儿对幼儿园的熟悉度与向往感。

(2)幼儿入园时,提醒家长要学会做个"狠心"父母。家长要做到冷静,给予幼儿情感的安慰与鼓励之后,安静离开。家长不要过分干涉幼儿园的一日生活,最忌讳父母在幼儿面前流露出不舍与担心,这种情绪会影响幼儿。此外,对于新入园的幼儿,家长尽量早点来接幼儿回家。若幼儿等待时间较长,易出现情绪的反复,不利于其第二天的入园。

(3)共享亲子时光,互享开心之事。告诉家长不妨只做一个倾听者,鼓励幼儿将幼儿园开心的事告诉你,如:幼儿园有什么新玩具,认识了哪些新朋友,学会了什么新本领……让幼儿觉得上幼儿园是一件快乐的事,这样有利于其对幼儿园产生良好的情绪体验。

家长可以鼓励幼儿把在家中发生的一些快乐的事告诉幼儿园的新朋友和老师,鼓励幼儿与同伴交流。拥有固定、喜欢的玩伴,幼儿会更乐意上幼儿园。

当幼儿对幼儿园产生抵触情绪时,家长可告诉幼儿:"幼儿园的小朋友很想你啊!幼儿园的老师也很想你呀!他们说没有你在身边,不好玩!好多玩具也想见见你这个小主人啊……"使幼儿感受到自己的重要性,重新期待去幼儿园。

3. 多重训练,提高自理能力

(1)入园前,指导家长利用夏天衣物穿得少的机会,让幼儿学习自己穿脱裤子、独立大小便,培养幼儿的自理能力,并鼓励其大胆说出自己的需要和想法,如:"我要喝水"。当幼儿出现"尿裤子""穿反鞋"等情况时不应训斥,而应耐心地与幼儿讲道理,反复做示范,避免幼儿产生挫败感。

此外,在锻炼幼儿自理能力时,还需让幼儿有及时增减衣服的意识,并让其学会勇敢地向教师表达自己冷热的需求,否则容易生病。

(2)请家长为幼儿准备穿脱方便的衣物、鞋子。建议不要给幼儿穿背带裤和过紧的裤子,以免幼儿因穿脱不便而"尿裤子";鞋子应选轻巧、透气的材质,最好不选系鞋带的鞋子,以免发生穿脱困难、踩鞋带摔跤的意外。

(3)请家长平时在家鼓励幼儿多喝开水,多吃蔬菜、水果,饮食多样化,纠正其挑食、偏食的不良习惯。切忌用零食代替吃饭,这样会影响幼儿进餐的食欲,长此以往,容易导致幼儿免疫力下降,易生病。

图5-5 饮食多样化,保证营养均衡

图5-6 多吃蔬菜和水果

4. 正确对待,科学治疗疾病

通过家访、新生家长会以及个别交流,帮助家长了解幼儿由一个被精心照顾的小环境进入到集体生活的大环境后,其生活发生了较大变化,生理上会有不适应感;加上接触的幼儿多,环境复杂,接触病原体的机会也较多,患病的次数自然会相应增多。但同时,幼儿的身体对各种接触到的病原体也会产生抗体,其抗病能力也会逐渐增强。当幼儿患病时,家长一定要积极给予治疗,让幼儿在患病期间好好休息,避免病情加重。

案例分析

红红感冒了,早上入园,妈妈给她带了药,因为着急上班,就把药放在了红红的口袋里,让她告诉老师,可是,红红忘记了,药没有吃。下午离园时,红红妈妈来接孩子时发现后,非常不满意,老师也有些委屈。

请结合本单元所学内容,对此案例进行评析。

主题讨论

针对幼儿园或成为"药儿园"的几起事件(如吉林市某幼儿园违规给幼儿集体服用处方药品"病毒灵"),结合第四单元和本单元所学内容,讨论如何真正做到保障幼儿的身心健康安全以及幼儿园各岗位人员的安全职责。

视野拓展

1. 上海市普陀区教育局建立了"普陀区幼儿健康与安全管理平台"网页(见图 5-7),把全区幼儿园的保健及安全工作都通过网络联系起来。每位班级教师都有登录号,在日常班级管理工作中可以在线对班级幼儿的健康、安全工作进行录入和整理,同时可以得到区儿保所医生、专家的指导。

图 5-7　上海市普陀区幼儿健康与安全管理平台

2. 上海市中小学生、婴幼儿住院医疗互助基金(以下简称少儿住院互助基金)是由市红十字会、市教育委员会、市卫计委于 1996 年联合创建的公益性、非营利的医疗保障互助基金。该项保障制度是对本市居民基本医疗保险制度(少儿学生住院)的补充,也是在本市各类中小学校、幼托机构就读的非沪籍少儿、非沪籍常住人员子女的一种主要医疗保障形式。二十多年来,在市委、市政府以及社会各界和家长们的支持下,少儿住院互助基金已成为本市居民医疗保险(少年儿童人群)制度不可或缺的一个重要组成部分.《上海市人民政府办公厅关于印发上海市中小学生和婴幼儿住院、门诊大病基本医疗保障试行办法的通知》明确将它纳入补充保障制度。被广大家长称之为"生命绿卡""孩子们的保护神"。

3. 上海市"少儿居保":根据从 2008 年 1 月 1 日起实施的《上海市城镇居民医疗保险试行办法》,中小学生和婴幼儿原只享受住院和门诊大病待遇,不享受门急诊医疗待遇。现在纳入居民医保后,可以享受门急诊医疗待遇,中小学生和婴幼儿的筹资标准是每人每年 260

元,其中个人缴费 60 元。根据《上海市城镇居民医疗保险试行办法》规定,居民医保的等级缴费期是每年 10 月 1 日至 12 月 20 日,次年享受相应居民医保待遇。

4.《上海市卫生局等关于在中小学和托幼机构开展医教结合工作指导意见》中提出:"医教结合"是在巩固现有学校卫生工作的基础上,以"属地管理与条抓块管相结合、预防为主与注重内涵相结合、依法履职与依责履职相结合、健康先行与服务创新相结合"为工作原则,为广大在校儿童和青少年学生提供安全、便捷、优质的公共卫生服务,不断提高学生健康素养和健康水平。

5. 张徽.幼儿卫生与保健[M].上海:华东师范大学出版社,2014.

6. 中华人民共和国教育部,中华人民共和国国家市场监督管理总局,中华人民共和国国家卫生健康委员会.学校食品安全与营养健康管理规定.2019.

阅读思考

1. 建议阅读应彩云发表在上海学前教育网上的《机智使教育更顺利》一文,请阐述你对"教师的智慧就在于:把教育动机化作孩子的学习动机,把教师技能化作孩子游戏和玩耍的技能"以及"值得关注的是,教师的这种转化技能,在面对不同年龄的幼儿所体现出来的不同面貌,才会更显智慧的光芒"这两句话的思考,并和同学们一起讨论交流。

2. 同时结合本单元所学内容,谈谈上述两句话对你有什么启发。

第六单元

此花此叶长相映
——家园共育

 单元概要

    本单元有四个小节,第一节对家园共育进行了概述,后面三个小节分别从三个方面介绍幼儿园班级管理中开展家园共育的方法。具体来说第二节主要介绍了班级家长会的类型及其流程;第三节重点介绍了家长开放活动;第四节重点梳理了教师与家长个别沟通的方法等。

⭐ **思政要点**

    重视家庭教育,在班级管理中注重以专业知识引领、指导家长科学开展家庭教育。

⭐ **重点**

    ① 知晓家园的概念和各类方式。
    ② 了解不同类型的班级家长会及其流程。
    ③ 掌握与家长个别沟通的方法。

⭐ **难点**

    如何开展各类家园共育工作。

⭐ **关键词**

    班级家长会、家长开放活动、个别沟通。

　　幼儿园教育、家庭教育、社区教育是构成现代学前教育体系的三个重要组成部分。家长与教师同样都是教育者，是为着共同的教育目标结成的平等合作者。教师开展家长工作应是从"为了使儿童获得全面发展，教师和家长应该做什么和可以做什么"这一角度出发，与家长相互支持、相互配合、取长补短、共同努力。家长教育知识的不断丰富，使得他们对教育的需求越来越多、越来越高，主动参与其中，与教师共同规划和设计对幼儿教育的意识也越来越强烈，教师应想方设法让家长更多地参与到幼儿的教育中。

　　家长工作的主要任务与核心内容包括如下两方面。

1. 指导家长科学育儿

即通过教师有目的、有计划、有针对性的宣传与介绍、帮助和指导，使广大家长在树立了正确的家教观念基础上，根据学龄前儿童生理、心理发展的规律和特点科学育儿。

（1）帮助家长树立正确的家教观念。

（2）帮助家长全面准确地看待孩子，在对幼儿适度而合理的期望中找到适合幼儿发展的家庭教育模式。

2. 家园配合，共同育儿

即通过教师与家长经常的联系与沟通和不同水平上的分工与合作，实现家庭和幼儿园教育的一体化。

（1）发自内心地关心、爱护每一个幼儿，以幼儿的健康和谐发展作为一切工作的出发点和归宿，并使家长感受到这一点。

（2）正确认识家长的作用，尊重、理解、平等对待家长、服务家长。《规程》中提出"幼儿园同时为家长安心参加社会主义建设提供便利条件"，教师在做家长工作时，应具有明确的"服务观念、服务意识"，力图使家长安心、放心、舒心。

只有这样，才能真正把家园共育工作做到"此花此叶长相映"，幼儿才能得到真正意义上的发展。

家园共育概述

随着班级管理工作不断地深入,晓晓越来越深刻地意识到,家长工作不是单方面地要求家长配合教师,也不是教师单方面地迎合家长,而是教师主动与家长沟通,征询家长的意见和建议,在教育幼儿的理念上达成共识。但是如何在日常班级管理工作中更好地开展这方面的工作呢? 对于晓晓的这个问题,王老师给出了她的想法:随着时代的进步,育儿观念的不断提升,幼儿园从家园共育的角度提出,与家长形成伙伴式关系,开展新时期的家长工作。

让我们和晓晓一起踏上家园共育之路!

一、家园共育的定义

家园共育是指幼儿园和家庭(包括社区)共同创设多种沟通、合作的渠道,积极主动地相互了解、相互配合、相互支持,双方都是作为促进幼儿发展的主体,通过双向互动,共同促进幼儿的身心发展。家园共育的重要性体现在以下方面。

(1)家园共育是幼儿发展的需要,有助于搭建幼儿园与家庭互动的桥梁,能将幼儿园教育与家庭教育的优势互补,有利于教育资源的充分利用。这是全球学前教育发展的必然趋势。

(2)教师和家长都是幼儿成长中的重要他人,幼儿园和家庭是影响幼儿发展的重要场所。教师和家长携手共育幼儿,充分发挥各种教育资源的作用,当好幼儿成长的支持者、合作者和引导者,能有效促进幼儿在园和在家庭中的全面、和谐发展和成长。

(3)家园共育可以让家长了解幼儿在园的各方面表现,了解教师是如何开展保教活动的,并通过观察教师的保教行为和幼儿的表现,反思家庭教育的内容和方法;同时,充分发挥家长的教育资源作用,有效地支持教师开展的教育活动。

(4)家园共育有助于增进教师对幼儿的了解,可以对家长实施的家庭教育提供帮助和进行指导,提高家长的素养和家庭教育质量。

二、家园共育的方式

家园共育在实际开展中有多种方式,教师可以根据不同的目的和内容选择适宜的方式。

(一)从采用的方法上进行划分

从采用的方法上,一般可以把家园共育的方式分为书面类、口头类和活动类等。

1. 书面类

书面类家园共育的方法主要包括问卷调查、家园联系册、家长园地(宣传橱窗)及微信等App上的文字交流等。教师要特别注意文字的撰写和表达,比如有无错别字,语句是否通畅和语气是否恰当等。

（1）问卷调查。问卷调查主要用于教师了解幼儿的发展或家庭教育方面的情况，收集准确的信息或详尽的资料，从而实施或指导家长运用科学的教育策略、方法。

教师可以充分利用信息技术资源，通过"问卷星"或其他小程序进行问卷的编制。根据明确的主题，从实际出发设计题目，问题的指向要明确、重点突出、结构合理、逻辑性强，一般先易后难、先简后繁、先具体再抽象，便于家长填写。回收问卷后进行有效分析，可以作为家长会、家长沙龙等与家长交流讨论的内容，也可以针对问卷中的情况有选择地作为家长个别沟通的内容等。教师的专业能力也由此得以体现。

例如，教师计划引导新小班家长在家中开展对幼儿自理能力的指导工作，需要全面了解班级幼儿在家中生活自理能力的情况，可以设计如下问卷：

图 6-1　家长问卷内容（部分展示）

比如通过上述问卷的结果，教师可以看到班级幼儿家庭中不同角色人员参与问卷填写的情况，与了解到的家庭中不同角色人员日常和幼儿接触情况做对比；并且充分利用 App 软件提供的服务，选择合适的呈现方式，如表格、图形和词云图等，直观形象地展示给家长；同时进行专业的分析、解释说明，就能更好地帮助家长理解并正确地指导幼儿。

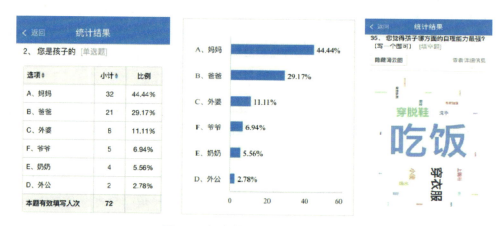

图 6-2　问卷结果的不同展示方式

（2）家园联系册。教师、家长通过家园联系册(有纸质版,也有 App 提供的电子版)可以及时沟通、交流幼儿的阶段性发展情况。家园联系册是教师与家长沟通交流的传统方式之一,主要内容一般为幼儿在园或在家的行为表现以及家长或教师的建议等。教师记录的是幼儿在园的典型行为特征及有关情况,家长记录幼儿在家的典型行为特征及有关情况。教师和家长据此并结合照片、视频等资料,进行阶段性的沟通与联系,或者有针对性地随机联系等。

（3）家长园地。教师利用班级教室外的固定位置作为"家长园地",展示供家长阅读的有关内容,主要包括幼儿园保教活动、家庭教育方面的知识,如向家长介绍班级一周活动计划、幼儿活动情况、家长育儿经验、家园配合事宜、温馨提示等,涉及幼儿身体与心理的发展、家庭营养知识、家庭教育方法等。

家长园地一般每周定期更换,现在也多同时采用多媒体形式进行,能不受时间、空间限制,让每一位关心幼儿、想了解幼儿及班级相关情况的家庭成员注册登录后都能看到。呈现形式多样,有文字、照片和幼儿作品等。

（4）微信等 App 上的文字交流。这是教师和家长借助互联网技术,越来越多采用的一种书面文字沟通的方式,而且因为可以加入照片、视频等影像素材,效果明显优于传统的纸质媒介。教师在日常工作中,特别是对于一些日常见面少或沟通少的家长,可以在合适的时间通过微信等 App,用文字、照片等把幼儿的点滴成长情况及时传达给家长。这些内容要自然、真实、及时而且有意义。同时教师也可以鼓励家长,尤其是日常见面少或沟通少的家长,采用这样的方式,及时把幼儿在家的情况传递给教师,以便教师及时、全面地了解幼儿的在家情况。

2. 口头类

口头类家园共育的方法主要包括家访、各类家长会(包括家长沙龙、家庭教育经验交流)、家长学校(家庭教育知识讲座)、家长咨询或约谈(个别沟通)和日常随机交谈(来离园交谈、电话或微信语音交谈等)。

（1）家访。这是个别化的家园共育工作采取的方式之一,现阶段结合信息化的发展,也常常采用线上家访的形式。(具体内容可以参阅本教材第一单元第一节和第二节内容)

（2）各类家长会。各类家长会内容一般是集体或部分家长共同关心的问题,现在也常常采用线上的形式召开。(具体内容将在本单元的第二节中展开)

（3）家长学校。家长学校最大的特点是内容具有系统性、连续性和针对性,同时也具有可操作性和可接受性。一般由幼儿园统一组织安排,宣传幼儿教育和家庭教育的重要性,提高家长的教育责任感;宣传正确的教育观念,如儿童观、教育观等;交流科学的育儿方法和原则;学习如何创设良好的家庭教育环境等。以往受制于园所场地,参加的家长人数有限,现在常常采用线上的形式进行,在参加的人群上有了很大的变化,越来越多的家长可以随时随地通过网络进行线上学习。

（4）家长咨询或约谈。这是指教师对家长和幼儿进行一对一的教育咨询和指导,帮助家长解决或共同探讨家庭教育的难题,常常以个别沟通的方式进行。

(5)日常随机交谈。日常随机交谈主要是指教师和家长在接送幼儿时的交谈或者是电话中的交流,特点是内容简短、问题聚焦、针对性强,内容可以是幼儿在园或在家的日常行为表现,也可以是家长在家庭教育中遇到的问题、困难或总结的成功经验,还可以是教师碰到的幼儿个别情况的疑惑或提炼的应对有成效的策略等。

日常随机交谈是教师和家长采用较多较频繁的家园共育方式。教师要有目的、有针对性地与班级家长开展日常随机交谈,充分利用幼儿来离园的时段,既要考虑全体性,又要兼顾个别化。教师不能仅在幼儿发生事情或有状况的时候才与家长交谈,而是特别要有意识地与疏于主动交流的家长交谈。

3. 活动类

活动类家园共育的方法主要包括观摩(家长开放活动、亲子活动等)、庆祝(节日及重大活动如毕业典礼等)、服务(家长老师、组织外出参观等)和管理(参与班级管理的家长委员会成员、志愿者等)。本单元的第三节将具体介绍家长开放活动。

(1)观摩。班级教师组织家长进班,通过日常活动的开放,汇报幼儿在园的一日活动情况,让每个幼儿都有机会展示自己,使家长在现场看到幼儿的发展和成长,从中感受、体悟教师的教育理念,并能够结合相关的情况运用到家庭教育中。这是家长最感兴趣的、最愿意参加的家园共育活动,教师应充分调动家长的参与意识,广泛听取家长对活动的意见和建议,不断进行改进和完善。(具体内容将在本单元第三节中展开)

(2)庆祝。教师邀请家长和幼儿共同体验节日(如六一儿童节)的快乐氛围,感受重大活动(如毕业典礼等)的价值和意义,有助于家长了解幼儿在集体生活中的各种表现。

(3)服务。由于班级家长具有不同的教育与职业背景,有的甚至是某个领域的专家,可以为幼儿提供丰富的教育资源,教师可以据此拓展幼儿的学习,发挥家长的教育资源保障作用。比如在全面了解每位家长的工作性质、兴趣特长的基础上,邀请家长进入班级担任家长老师,结合幼儿感兴趣的内容,组织相应的活动(见图6-3)。

图6-3　家长老师

图 6-4　家长志愿者执勤提醒家长入园刷卡

（4）管理。教师和家长可以共同挑选重视幼儿教育、热心班级工作、有责任心、有一定的组织能力和文化水平的家长，组成班级家长委员会，或者担任家长志愿者，参与到班级管理工作中来，从而有效地保证家园交流渠道畅通，加强家园之间的信息传递，协调家园教育的一致性，促进家园共育（见图 6-4）。

（二）从家长参与的数量上进行划分

从家长参与的数量上，一般将家园共育分为个别化的家园共育和集体性的家园共育。

1. 个别化家园共育

个别化的家园共育工作主要是指满足家长在家庭教育方面的个性化需求，针对幼儿的特殊需要开展的家园共育工作。既有教师主动发起的（如家访），也有家长主动发起的（如咨询），也有双方都可以采用的（如约谈、日常随机交谈），通常个别沟通是个别化家园共育中最主要使用的方式。（本单元的第四节将重点介绍这部分内容）

教师可通过多种途径有效地与家长进行个别交流，比如复杂的问题可以个别约谈；新生入园前后，以及学期初和学期末的定期家访；有特殊情况时（如幼儿生病长时间未来园、插班生进班前后）随机家访；马上要解决的简单问题，可以直接电话联系家长；使用家园联系册、短信、微信或字条等形式，描述现状，表达希望、祝福和感谢等。

2. 集体性家园共育

集体性家园共育主要是针对班级全体（集体）或部分家长（小组）共同需要或共性问题开展的家园共育工作，主要形式有各类家长会、家长开放活动等。（具体内容将在本单元的第二和第三节中介绍）

第二节

班级家长会

晓晓这两天有点烦：班级幼儿洋洋的爷爷总是要和她交流，每次都是强调洋洋爸爸妈妈带不好孩子，"这不，星期天带出去，不知道提醒孩子小便，洋洋就尿在身上了，回来就生病！"洋洋妈妈来幼儿园呢，就会无奈地说："爷爷奶奶可固执了！甚至看见洋洋和我们亲近，都会说'白疼你了'！"怎么办？怎么办？

王老师建议："那我们就针对这种情况开个班级家长会吧！"

一、班级家长会的类型

（一）全班家长参与的班级家长会

召开班级全体家长参与的班级家长会是教师进行班级管理工作最常运用的一种家长工作方法，它具有参与人数多、信息传播量大、效果明显等特点。对象一般是班级教师和班级全体幼儿家长，时间一般在开学初、学期末或班级重大活动开展之前，内容一般是由班级教师事先准备、策划好的。

（二）非全班家长参与的班级家长会

1. 家长沙龙、小型研讨会或座谈会

这种类型的家长会针对部分家长、幼儿存在的困惑、问题及需要，教师和家长共同商定家园共育策略，提高家园共育的实效。

和全班家长参与的班级家长会相比，其不同之处在于：

（1）内容：一般都是围绕幼儿的问题或家长的需求，不是教师确定的内容。

（2）对象：不是固定的，一般人数不多，不超过10位家长。

温馨小站

幼儿入园后的一周时间内是家长最为关注、心理最为紧张的阶段。在班级内召开小组式家长会能在很大程度上减轻家长的心理紧张度。小组式家长会最好在幼儿入园三四天后进行，通过与家长进行具体的案例交流，及时向家长反映幼儿的在园情况，使家长能够熟悉幼儿入园后的各方面表现，让家长看到幼儿的进步，对教师产生信任感。同时教师要给家长传递积极正确的教育思想，让家长了解不同气质类型的幼儿分离焦虑的不同表现，使他们正确认识和对待幼儿初入园时出现的各种情绪反应，为进一步稳定家长和幼儿情绪打好基础。

温馨小站

"沙龙"一词源自欧洲，原指上层人物住宅中的豪华会客厅。17世纪，法国巴黎的名人常在客厅邀请志趣相投的朋友，就共同感兴趣的问题促膝交流，渐渐地，这种形式的聚会被演绎为"沙龙"。

沙龙式互动的主要特点就是轻松、自由。

2. 妈妈或爸爸家长会、祖父辈家长会等

针对特定的人群,爸爸、妈妈或者爷爷奶奶、外公外婆等,因为参加会议的人员在家庭中的角色一致,在家庭教育中碰到的问题或者困难也会相对集中,有共同的感受,容易引起共鸣,在交流、讨论中更容易放开,不太会一言不发,出现氛围僵化、冷场的情况。教师在组织的过程中比较容易操作,便于引发家长互动,容易活跃气氛。

和全班家长参与的班级家长会相比,其不同之处在于:

(1)内容:特定人员感兴趣的话题或共同的困难、疑惑。

(2)对象:可以是爸爸、妈妈或者是爷爷奶奶、外公外婆等,也可以是保姆。

案例

班级里的爸爸们经常会在下午接好孩子们后,一起在华师大校园里的草坪上运动、游戏。于是我和搭班教师商量:举行一次"爸爸和宝宝一起嗨"的亲子运动会,让爸爸们爽快地和孩子们一起运动!

为此,我们设计召开了"爸爸家长会",请爸爸们就"爸爸和宝宝一起嗨"亲子运动会出谋划策。从运动会的项目、场地到规则,爸爸们热烈地讨论着,和平日里家长会上缄默不语的情形大相径庭。一周后,我们班圆满地举办了一次班级"爸爸和宝宝一起嗨"亲子运动会。

二、班级家长会的流程

(一) 全班家长参与的班级家长会

(1)召开前向家长发布"班级家长会通知"。

① 可以通过家长园地,或班级微信群,或者 QQ 群等媒体形式发通知,这样可以保证信息发布的迅速、快捷、准确。

② 告知班级家长会的预设内容,便于家长有准备地参加。

(2)家长签到。

(3)先到的个别家长可进行个别交流。

(4)会议内容的确定。

如开学初,可以是:

① 班级情况分析:

● 班级师资情况:教师、保育师介绍。

- 班级幼儿情况：介绍插班生、班级人数、性别比例、上学期各方面发展情况等。

- 班级教室、卧室、活动室等介绍。

② 本学期保教任务：

- 班级学期保教任务目标。

- 分领域概述。

- 预设大活动内容：班级的大活动、年级组的大活动以及全园性质的大活动。

③ 本学期现阶段幼儿一日作息安排：

- 来、离园时间。

- 户外运动时间。

- 餐点时间。

④ 家园共育：

- 接送安全问题。

- 季节多发病、常见病的预防等。

- 饮食内容与时间。

- 需要准备的物品。

- 各类大活动家长可以配合的方面的提示。

（5）与个别家长进行交谈，交谈对象的选择依据是：

① 上学期有特殊情况的幼儿家长有问题的、沟通少的。

② 本学期的插班生家长。

（6）做好家长会的反馈信息收集整理工作，为以后家长会的召开做准备。

案 例

家长会可以这样开[①]

幼儿园里经常有这样的现象。小班家长会，年轻父母济济一堂，到了大班，出席家长会的大多是祖辈。是什么原因使家长渐渐失去了参与幼儿园活动的热情？有家长说家长会像是教师的工作计划交流会，还有许多幼教行话，他们听不懂，所以很没劲。也有家长抱怨家长会像是开批斗会，家里孩子总被当作反面教材，让他很难堪和失望。是啊，我们只知道使劲儿传递信息，却忽略了家长的感受。要让家长重视并积极参加家长会，教师得应时应景地精心策划。

有一次我中途接了一个中班，遇见了一群安静而胆小的孩子。在第二周例行的家长会上，我这样讲："孩子们大多文静，我想这与家长的教育有关，很欣慰你们抚育了一群很有教养的小绅士和小淑女……带这样的孩子我感到很省心。"家长们个个和颜悦色。

---

① 上海市教育委员会教学研究室.幼儿园，课程领导力在生长[M].上海科技教育出版社，2019.

我继续说:"可是幼小孩子的最主要任务是什么？玩！人一生中只有童年时代是能够让我们尽情玩耍的,人生不可逆……我们应该让孩子尽情玩耍,因为在孩子的游戏中学习无处不在。"接着我用幻灯片播放了孩子们在幼儿园快乐游戏的场景……

这时,我才开始介绍本学期的目标。我说:"本学期,我要让这群文静的孩子释放天性,在玩中培育大胆、阳光和健康的品质,在玩中增强自我管理的能力……"一位爸爸的"好"字引发了一片掌声。的确,只有家长在为自己孩子的进步自豪的时候,才能树立自信去面对孩子的未来,只有以尊重为提,家长才比较容易接纳教师的观点,哪怕是不同的观点。

一次家长会上,我提出"让孩子多接触和玩一些音乐游戏"。有些家长说:"我孩子将来不搞音乐也不做音乐家,学不学音乐没多大关系。"我说:"我们都不是搞音乐的,但我们在什么时候情不自禁地歌唱？恐惧的时候歌唱为我们壮胆,惊喜的时候用吟唱表达自己的欣喜……对于一个普通人来说,音乐能够让我们在幸福的时候飞扬幸福,在痛苦的时候释放痛苦。所以,我们要为孩子的将来积累感受和表达幸福的能力。"说到这里,我看见所有的家长都在由衷地点头。

家长会是家园沟通的平台。如果教师善于从对方的立场出发,增进彼此间的理解和融合,那么家长会就会成为家长们心悦诚服的一份期待。

(二) 非全班家长参与的座谈会①

1. 确立座谈会话题

座谈会的话题可以由教师根据教学主题或幼儿发展情况等方面来定,也可以提前向家长发放问卷,了解家长最想了解的问题,并选取其中较有集体讨论价值的问题作为主题。具体为以下七点。

(1)家长共同困惑的育儿问题。

当某位家长或某几位家长对自己孩子的问题比较担忧,又苦于没有好的方法解决时,一方面教师可以有针对性地介绍相关育儿教育理论,另一方面教师可以请在这方面做得比较成功的家长到小型座谈会上进行经验介绍,让小型座谈会真正成为家长交流经验、解决问题的平台。

(2)本年龄段应该引领的问题。

各个年龄阶段的家长都有一些共同担忧的问题,希望得到教师的引领。因此,教师在幼儿的每一阶段都应该围绕家长担心的一些问题召开座谈会,起到解惑和引领的作用。如新生入园适应期问题、同伴交往问题、幼小衔接的准备等。

① 摘自中国幼儿教师网《谈家园小型座谈会的实施》.

（3）即时生成的问题。

平时留意幼儿在园的表现及家长谈话时出现的问题，把幼儿的问题和家长的问题进行分类筛选，针对幼儿或家长集中反映出的一些问题组织专题座谈会。

（4）连续跟踪的专题。

幼儿园组织大活动后，教师可以组织部分家长召开小型的座谈会，了解、反馈这项活动到底怎么样。

（5）向家长征集的问题。

当教师不确定座谈会的话题时，可以在开学初或召开座谈会前，用征集话题和征集参与座谈人员的方式，来获得家长们感兴趣的问题。可以是为此专门设计的问卷，也可以以网络、短信的方式，向家长征集。由于是针对他们的需求，家长们往往会从自己的角度出发，提出很多个性化的话题。教师可以将家长们的话题进行分析，相对归类，选择一些有代表性或共性的问题，作为座谈的话题。

（6）定期的家长经验分享。

现在的家长非常注重对于孩子的家庭教育，也积累了很多教育孩子的方法。让家长做主角来介绍个人的育儿经验，与其他家长分享育儿过程中的心得，对于其他家长来说，经验鲜活，方法具体，易于移植。

案例

　　班级中的爷爷奶奶听说我们的种植地要播种了，接二连三地来给我们班输送材料：有的直接带来种子——葫芦、西红柿、黄瓜等，应有尽有；有的准备了全套工具——铲子、锄头、耙犁等，五花八门；有的谈起了当年农场趣事，感慨万分……这所有的一切对于我们来说都是新鲜无比的资料和趣味横生的故事，于是自然而然我们就把爷爷奶

图6-5　小小种植园

奶、外公外婆们请进了教室——召开了一次难忘的种植经验传授会。

等我们带着孩子们,跟爷爷奶奶、外公外婆们在种植地开垦、播种的时候,认识各种植物种子、讲述各种工具使用、回忆各家好玩故事,就像满汉全席一样全部登场了。

(7)讲座式的座谈会。

班级中常常会有一些家长对于教育孩子某一方面尚缺乏经验,此时就可以采取一种讲座式的座谈会。如:如何在家中进行亲子阅读。

2. 做好召开座谈会的准备工作

(1)按照问题的类型选择不同需要的家长来参加活动。

在一次座谈会中,选择的家长要是不同类型、不同观念、不同学历水平层次的,幼儿在园的发展也处于不同水平阶段……因为不同层次的人员在一起讨论同一个话题本身就是一种资源共享。

(2)重视日常对家长性格和各个方面信息的收集。

教师在平日家长来接送幼儿、家访或幼儿园组织亲子活动、家长开放活动时注意观察每位家长的行为表现。幼儿入园前的登记表、平日里家长填写的问卷等都可以成为教师了解家长的信息来源。

(3)要围绕话题专门收集有效信息。

① 幼儿信息的收集。有针对性地观察幼儿在园的表现,并且要定时或连续地观察,并进行照相、摄像或文字记录,然后对此记录进行分析,对于不能解释的问题可以请教专家或对此有所研究的同伴。

② 话题内容的信息收集。关于此话题的内容要广泛地收集和了解,储备关于此话题的观点和策略,以备与家长谈话中能够更好地互动。

③ 家长信息的收集。了解家长的性格和观点是怎样的,同时,要注意家长是否是同单位的,有否忌讳的。

(4)提前发信息。

事先将座谈的主题告知家长,这样可以让家长们准备得更加充分。

(5)人数的控制。

人数的控制是为了保证每位参与的家长都有发言的机会。

3. 掌握组织座谈会的技巧

(1)教师开始的说明和交代很重要,一次围绕一个话题才可以深入交流。

教师在开始时,需简明扼要地交代话题,突出重点。这样能够保证座谈会在开始时就聚焦在中心话题上。

(2)过程中的聚焦和结束时的总结很重要。

教师在全程都要起到聚焦主题的作用。教师可以及时给予一些提炼和概括,尤其是那些教师认可的相对正确的观点,需提纲挈领地总结一下,引起家长的重视和关注,表明教师的态度,帮助大家获得一些聚焦的认识。对于一些有异议的观点,教师也可提出,引发大家讨论和质疑,从不同角度阐述,帮助家长达成共识。对于个别对幼儿园、班级、教师工作有质疑的家长,可及时在此利用家长的资源,利用家长之间的交谈以及教师的说明,帮助家长了解事实并理解教师的做法。

(3)教师要树立自信。

在交流中,教师一定要树立自信,用专业知识和幼儿情况的反馈说服家长,给予家长合适的教育策略,让家长感受到与教师交流是有收获的。教师如果能力有限,不会概括、提炼时,可以将讨论的话题进行罗列,突出重点或重复他人的观点。切忌在说话的时候,让家长感到教师的自信心不足。

图 6-6　教师面对家长要有自信

案例

看到新入园的幼儿在入园两周后都在各自不同的水平上有了明显的变化,我们非常想让家长们第一时间在现场了解到幼儿的真实变化和在园一日活动的情况,安抚和宽慰家长,但又担心幼儿们因为家长在身边情绪反而不稳定,于是我们利用网络实时传播技术,采用直播的方式,让家长们不进入班级教室通过手机就能观看幼儿在班级中的活动。同时发放表格,请家长们把观看活动时不清楚或不理解的地方记录下来。

然后我们召开了班级家长会,针对家长的问题,采用对录制的画面进行切换、回放甚至定格的方式,进行细致的阐释说明,对客观环境、师幼互动、生生交流等细节给出相应的专业性分析,并有意识地提供一些家长可以具体配合的建议与措施。

家长们会后都感叹:原来如此啊! 这样的家长会收获太大了!

思考　结合此案例,谈谈你对运用新的信息技术手段,拓宽家园共育方式的理解。

班级家长开放活动

　　晓晓在日常与家长的交流中发现,许多家长表示,除了平时婆送幼儿时能从老师的口中了解幼儿的情况外,没什么机会能够看到幼儿课堂上的表现,非常想知道自己的孩子在幼儿园到底是什么样的,上课能坐好、认真听讲、积极回答问题吗?

　　王老师告诉晓晓:"针对这种情况,幼儿园每年都会举行班级家长开放活动。家长开放活动是家园共育、家园联系的一种重要形式。它是家长了解班级教师日常教育教学活动的平台,是家长了解幼儿在园学习、生活的窗口。"

　　幼儿园班级家长开放活动是指幼儿园在特定的时间里向家长开放班级的各种教育教学活动。班级家长开放活动有助于幼儿教育功能的全面发挥,有益于幼儿教师的专业成长,有利于家长资源的充分利用,有利于家园之间的沟通与合作,有利于家长对于幼儿教育资源和信息共享与角色的对等化。它是家园进行交流合作的重要方面。

　　晓晓陷入了新的思考:那家长开放活动进行的前后,我都可以做哪些工作呢?

一、家长开放活动前的准备工作

(一)了解家长需求

　　教师可以发放"家长开放活动安排意向调查表",对参加活动的家长人数、感兴趣的活动内容、开放时间等进行摸底,用"提案表"的形式向家长广泛征集建设性意见,从而使家长开放活动更有目的、更具实效。

(二)设计活动方案

　　教师作为家长开放活动的组织者,必须在每次开放活动之前明确活动目的。同时教师需要根据日常幼儿一日活动,针对幼儿和家长的需要,设计家长开放活动方案。

> **温馨小站**
>
> 　　以前,小、中、大班教师往往根据自己的教学进度,选择教学内容中的某一活动向家长开放,并没有特别的策划,这使得小班到大班的家长开放活动常常千篇一律。实际生活中,不同年龄阶段幼儿的家长需要看些什么,想要看些什么,又该看些什么其实是完全不同的。教师可以针对不同年龄段的幼儿和家长的需要及关注点,设计不同的活动主题。比如在大班,设计让家长了解教师怎样帮助幼儿做好入学准备的活动,可能更符合这个年龄段幼儿及其家长的需求,家长的收获可能会更大一些;而针对刚入园的小班幼儿,家长更多地是想了解幼儿在幼儿园的生活。

（三）提醒家长注意事项等

教师活动前告诉家长参加开放活动的要求以及注意事项，切忌当面批评幼儿或干扰幼儿活动或包办代替等；强调开放活动的目的以及家长在活动中的主要任务；提醒家长幼儿在活动中可能会出现的问题，希望家长可以理解。教师只有使家长充分了解开放活动的目的，并真正认同活动的价值，才能调动家长参与开放活动的积极性。

（四）指导家长正确地参与活动

在活动前，教师需指导家长用正确的方法参与到活动中，观察幼儿和教师。观察幼儿应站在幼儿发展的角度，不时给予幼儿鼓励的眼神、信任的目光，也可通过言语或肢体语言给幼儿鼓劲。活动中遇到困难可以给予幼儿相关的提示，但不要手把手地教幼儿怎么做，家长要看到幼儿的点滴进步。通过与其他幼儿观察比较，家长要看到自己孩子的优势以及存在的问题，发现问题后家长要主动与班级教师沟通，一同寻找解决的方案，这也是家长开放活动的意义所在。

家长参与活动时会有不同表现，一般有以下几种类型。

1. 无所事事

无所事事并非什么事情都不做，而是指家长很少与自己的孩子发生真正意义上的沟通，也很少按照教师的要求参与活动。这类家长一般会选择站在一个角落里拍照或摄像，或与别的家长聊天，有时还会开小差——接电话、看微信等。他们一般不会长时间、集中精力关注幼儿。当教师要求家长与幼儿共同完成某项任务时，这类家长一般比较被动，往往只是站在自己孩子身后看着，很少针对幼儿问题进行必要的指导。

2. 评价与命令幼儿

这类家长非常关注幼儿的一举一动，往往会全程找一个能够完全观察自己孩子的地方，并且时常与其发生互动。互动以对话为主，多是评价或命令性的："××，把手放下来，好好听讲。""哎呀，做错了，快改过来。""××，这个你还没做呢，快做！"对于幼儿的活动，家长会及时给予评价："很好，真棒！""不对，错了，你再好好检查一下！"有的家长则干脆指挥幼儿行动，命令幼儿去选择活动，使用材料或工具等。

3. 指挥幼儿或自己操作

这类家长会与幼儿有较多的互动，尤其是具体的行动。当幼儿遇到困难时，这类家长会当机立断，毫不犹豫地伸出"援助"之手。"××，你看，5只兔子应该放在数字'5'这一栏里，知道吗?!""××，快点涂，时间到了！"边说边拿着蜡笔帮幼儿涂色。这类家长不仅指挥、命令幼儿，还常常包办代替幼儿完成任务。

4. 观察、引导幼儿

这类家长能够长时间专注于开放活动，观察活动过程，同时关注幼儿与教师之间的互动。他们一般会站在自己孩子的旁边或者身后，不轻易干扰幼儿。当发现幼儿遇到难题时，不会立刻给予帮助,而是耐心地询问,全面地了解,细心地引导,与幼儿一起解决问题。

温馨小站

　　在家长开放活动中,教师在设计活动时不但要考虑从幼儿实际出发,贴近幼儿生活,而且要尽量考虑怎样让家长融入活动之中。因此教师在选材、制定活动计划时需注意联系生活。例如,中班开放活动"生蛋和熟蛋"就是很好的主题。鸡蛋是日常生活中易得的物品,让幼儿和家长共同探索蛋的秘密,共同参与讨论,不仅增长了幼儿的知识,促进幼儿与家长的互动,还让家长意识到生活中教育资源的价值,并能有意识地在家庭中开展类似活动。

二、家长开放活动中教师的适宜行为

(一) 提醒家长活动中的注意事项[①]

　　(1)尽量让幼儿自主表现,不要干扰幼儿活动或包办代替等。

　　(2)不要当面批评幼儿。

　　(3)从各种活动的表现中,了解幼儿的发展现状,在活动中观察幼儿的变化情况,寻找家庭教育的侧重点。

　　① 在游戏活动中,注意观察幼儿的游戏兴趣,看幼儿能否主动与同伴交往、合作;在游戏中幼儿的表现力和创造力;在遇到困难时,幼儿能否独立解决问题。

　　② 在教育活动中,注意观察幼儿参与活动时的情绪、情感、态度、兴趣和能力,看幼儿是否积极参与活动,能否主动探索、积极思考问题,能否大胆表现和创造。

　　③ 在户外体育活动中,注意观察幼儿参与活动的兴趣和态度、基本动作的协调性和灵活性、是否融入集体中,与其他幼儿合作时是否表现得积极而得体。

　　④ 在生活活动中,看幼儿是否养成了良好的生活习惯。

　　⑤ 在各项活动中,认真观察幼儿的变化,将过去幼儿在活动中的表现与当日的表现进行比较,及时发现幼儿的发展与进步。

　　(4)从教师组织的活动中了解教师的教育目标,从教师的行为中了解和感受幼儿教育的新理念及教师的教育观。

　　① 活动目标是否得到体现。

　　② 观察教师如何引导幼儿主动学习,创设有利于幼儿大胆探索、敢于创造、善于思考的宽松的学习、游戏环境。

　　③ 观察教师与幼儿之间是否和蔼亲切,与家长沟通是否耐心、热心等。

(二) 教师可以及时与家长简单交流

　　教师可以在活动过程中见缝插针,及时与家长进行一些简单的交流,这不仅表明了教师

---

① 摘自中国幼儿教师网《幼儿园家长开放日,家长应做些什么》.本文有改动。

对幼儿的关注,同时也可以增进教师与家长之间的情感。

(三)教师可以更好地了解家长

(1)教师可观察家长在开放活动中的表现,引导家长采用正确的方式参与活动,以提高活动质量。

(2)教师还可以根据家长在开放活动中与幼儿的互动方式,了解其家庭教育方式,在家庭教育方面给予家长有针对性的指导。

三、家长开放活动后的交流

(一)面向全体家长的交流工作

(1)活动后,教师应有意识地收集家长的感受,可以是书面的,也可以是口头的;可以是全体的,也可以是部分的。这样便于教师了解家长对开放活动的想法,了解家长对班级工作的看法与评价,以便对今后的工作做出适时的调整和改进。

(2)留出一定时间,让家长相互交流。不同类型的家长在活动中的收获是不同的,这种差异为家长之间、家园之间的交流提供了可能性。教师应该鼓励家长根据自己的观察,讲述自己在本次活动中的心得以及发现的问题、产生的疑惑。家长的相互交流可以围绕一个事先确定的话题,也可以不预设中心话题,请家长谈谈自己的感想。家长可能会向教师或幼儿园提出一些意见,教师不要急于对家长的发言进行评价,也不要急于为幼儿园或教师自身的教育行为辩解,而应鼓励其他家长就这一问题发表自己的见解。这样才能形成一种真正的讨论氛围,实现家园之间交流、沟通的目标。

(二)活动结束后与个别家长的延伸交流

家长开放活动并不止于开放活动当天,教师应该把家长开放活动看作是班级家长工作一个新的突破口。在开放活动中,教师可以选择几名家长,观察他们在活动中与幼儿的互动方式,并在活动结束后与之交流。这样的交流可以持续一段时间,可以放在家长接送幼儿时进行。

图 6-7 活动后选择个别家长进行交流

温馨小站

教师可以请家长在参加开放活动后填写家长开放活动反馈意见表。这能帮助教师广泛收集家长参与活动的感想和建议,知晓家长对本次活动的评议,听取家长对幼儿园工作的意见和建议,进而更有效地促进班级管理和保教质量提高。

教师也可以根据班级情况,就活动的设计意图、组织实施、活动效果(幼儿兴趣、能力的体现)等方面在开放活动后进行统一说明和分析,现场解答家长的疑惑,使家长真正了解幼儿园的保育教育工作以及幼儿的年龄特点,为家园共育打下良好的基础。

　　家长开放活动是幼儿园向家长展示办园理念、课程特色、教学过程的良好渠道，是教师日常班级管理和保育教育工作的缩影，为家长了解幼儿在园情况和幼儿园的教育工作打开了一扇大门。家长开放活动让家长走进幼儿园，了解幼儿生活、活动情况，参与幼儿教育，搭建家园沟通的桥梁，更好地为幼儿服务，为家长服务，促进了幼儿园保育教育工作的发展。

　　在家长开放活动中，家园双方应是一种互动互助的关系。家长是幼儿园教育工作的参与者、评价者，而教师应为家长搭建平台、提供支持、给予指导，共同关注幼儿的成长。

案例

　　在"好玩的报纸"开放活动中，教师要求幼儿们剪出一根最长的纸条来。教师话音刚落，许多家长不等孩子们考虑，马上指挥孩子如何剪。可有主见的幼儿不干，就要自己边探索边剪。家长看着别人的孩子完成了，脱口就是一句"笨死了，叫你这样剪，你不听"。幼儿委屈得大哭！这样既没有达到教师的目的，让幼儿在实践探索中寻找答案解决问题，还影响了活动的进行。更糟的是当教师和家长交流，家长觉得丢面子，说："我们又不知道活动是这个目的！"还有的说："剪什么报纸，这有铅，多不卫生。"①

思考　结合学习内容，针对此案例中家长出现的情况，你会怎么做？

---

① 摘自中国幼儿教师网《从细节入手，激发家长参与的热情》.本文有改动.

第四节　与班级家长的个别沟通

班级家长会召开好了,晓晓感觉到一些共性的问题得到了家长们的理解和支持,但是好像还有一些问题悬而未决,个别家长欲言又止。王老师对晓晓的疑惑表示理解,并说:"班级管理中的许多问题一定不是一次班级家长会就可以解决的,在日常工作中,我们还需要和家长进行更多的个别交流。"

幼儿园教育和家庭教育就像一车两轮,在发展方向上同步,在发展目标上同步,在教育原则上同步;在不同的场所,不同的教育内容和方法上,共同承担起培养合格的社会人的重任。教师与家长沟通是一门艺术,教师只有不断地学习和积累,提高家园合作,才能从真正意义上进一步促进幼儿健康、和谐发展。

家园共育能否成功,能否最大限度地发挥作用,会受到多方面因素的影响。其中个别化的家园共育工作是十分重要的一个方面,而个别沟通则是教师和家长在个别化的家园共育中最主要采用的方法。

个别沟通主要包括教师与家长围绕幼儿成长进行的一对一的交谈,或是有目的、有计划的深度交谈,或是内容涉及广泛、主题丰富的日常随机交谈。个别沟通的发起方可能是教师,也可能是家长。教师与家长的个别沟通,不论是深度交谈还是日常随机交谈,双方都希望经过沟通、多次交谈之后,可以相互理解,彼此接纳对方观点、行为,在双向交流中互相协调,最终达成一致的教育观念与教育方法,形成家园共育的合力。

一、个别沟通的重要性[①]

(一)针对性强,能有效促进幼儿的发展

幼儿园与家庭对幼儿的身心发展有很大的影响。家长对幼儿有独特的情感,没有谁比家长更了解自己的孩子。而教师与幼儿一起学习、生活等,在群体中比较,对幼儿各方面发展的情况相对客观且把握准确。教师与家长就幼儿在园或在家的情况进行沟通,使彼此更好地了解幼儿的情况,以便寻求更好的渠道来促进幼儿的发展。

(二)指导性高,能帮助家长更好地进行家庭教育

现在大多数幼儿都是独生子女,在家庭中占有举足轻重的地位,家长对幼儿的早期教育更加重视。有些家长盲目地教育幼儿,甚至走进了教育误区而不自知,这样就很不利于幼儿的发展。教师作为专业人员,拥有较为丰富和系统的专业知识。与家长沟通,可以帮助其树立正确的教育观,有针对地宣传一些科学育儿的知识、方法,有的放矢地为家长在教育幼儿

---

① 破除幼师与家长沟通障碍. 星晨学前教育中心(微信公众号). 2015 - 1 - 9.

过程中遇到的难题,进行分析指点,出谋划策,提出建议,帮助家长解决具体问题,从而提高家长科学育儿的水平。

(三) 信息量大,能丰富家园共育的内容

不同的职业、不同的文化背景的家长都是宝贵的教育资源,可以为教师提供丰富的保教资源。在幼儿家长中不乏具有先进的教育知识和家庭教育经验的家长,教师通过与这些家长的个别沟通,可以获得宝贵的知识经验,而且还可以有效地发挥家长的职业优势、利用家长的兴趣爱好特长为班级工作服务,有效地促进家园共育工作的开展。

二、教师与家长个别沟通不畅的原因

家长与教师的个别沟通由于双方的教育观念、态度与教育方式不尽一致,教育素养水平不同,因此对幼儿成长和发展的认识不同,理解也不同,两者之间的沟通往往会出现一些沟通不畅,尤其是新教师更容易面临这种状况。原因主要有以下方面。

(一) 沟通欠缺

1. 时间有冲突

家长与教师的工作时间基本上是同步的。早上教师忙于接待幼儿,家长则忙于赶点上班,他们很难有尽兴交流的机会。有些家长每次送孩子来园,都想跟教师谈谈孩子的情况,可是由于幼儿来园的时间比较集中,教师忙着接待幼儿,家长又不便打扰教师工作,索性把问题先搁着。下午幼儿离园又是统一时间,家长多,孩子也多,教师根本就忙不过来。所以,家长和教师没时间静心去交流幼儿的情况,就像两条不能交汇的平行线,沟通交流的时间和机会都很少。

2. 消极应对

个别沟通
案例解析

当教师与家长之间的个别沟通出现问题的时候,其中一方采取抵触、对抗、回避、推脱等方式,消极地给予回应,导致个别沟通无疾而终。由于抵触、对抗和发泄等消极方式比较外显,双方尤其是教师很少会出现这些情况;而回避、推脱、否认等方式比较隐晦,双方特别是新教师通常会不自觉采用。

(1)回避。教师的回避态度通常表现为个别沟通之后,发现有的家长不认可自己,就采取冷处理的态度,认为反正自己该说的都说了,只要幼儿在班级里没有问题,家长就不会找事。家长的回避态度通常表现为个别沟通中感觉教师比较强势,但是碍于孩子在班上,不便辩解,于是退而求其次,只要孩子在班级里不出事就行了。还有一些家长想与教师沟通,但是发现教师要么目光回避、要么爱理不理,也就不好意思与教师沟通了。回避其实是一种放弃,表面上看好像教师和家长之间以及班级里"风平浪静",其实教师和家长包括幼儿"各行其是",家园之间有距离、有隔阂,双方缺乏共识与合作。一旦班级幼儿有事情,不论大小,很容易掀起惊涛骇浪。

案例

佳佳是个内向的孩子,佳佳妈妈和教师个别沟通多次,听不进老师的建议,就想着教师在上课时让佳佳多回答问题。以至于后面每次佳佳妈妈询问教师孩子在园表现时,教师总是回答:"很好,很好。"不愿多说什么了。

思考 你如何评价这个案例中教师和佳佳妈妈的个别沟通？如果你是佳佳的老师,你会怎么做？

（2）推脱。有的家长主动与教师沟通,提出一些想法、意见和建议,教师本来通过适当的解释、说明与引导是可以解决的,但是教师却采取"多一事不如少一事"的推脱态度,转移、中断了话题。例如家长跟教师交流孩子午睡时间短的问题,向教师建议能不能让孩子晚睡一会早起一点。教师一听马上说:"作息时间是统一的,这个得问园领导,我们可做不了主。"其实,教师可以在午睡时尝试家长的建议帮助孩子,教师的推脱实际上是向家长表明了自己不为幼儿着想的心态,很难想象家长会配合这样的老师开展工作。

（3）否认。当教师与家长个别沟通出现分歧的时候,一方不反省、不解释也不继续调查事实,而是直接否认对方陈述的事实与自己有任何关联,导致沟通不欢而散。例如家长早上送孩子入园说发现孩子腿上有乌青,教师马上回答在班级里没有出过事,应该是在家里弄的。家长不高兴地说:"您的意思是我们自己故意弄伤孩子,然后赖幼儿园?"后来询问幼儿了解到孩子的乌青确实不是在幼儿园弄的,如果教师第一时间允许家长陈述,询问幼儿,并与家长一起分析、寻找可能的原因,而不是立即采取防御性的否认态度,家长也就不会说出如此生硬的话语,差点导致不必要的矛盾产生。

图 6-8 回避、推脱与否认的态度都不可取

3. 地位不平等

在家庭与幼儿园、家长与教师之间,幼儿园及其教师在幼儿教育方面具有绝对的权威,扮演"权威者"的角色,家长常常要服从教师的要求,配合幼儿园的工作,扮演"接受者"的角色,这种角色定位常常左右、影响教师与家长的个别沟通。在个别沟通中,教师习惯了"主动出击",对家长要求这、要求那,而家长似乎也心甘情愿地接受教师提出的种种要求,这种单一的"要求与接受"的互动关系,必然会对教师与家长个别沟通的效果产生影响。

案例

下午离园小小爸爸来接小小，老师拿着一块红烧肉反映："小小午餐老爱挑食，这块红烧肉就是她扔到地上的。"小小爸爸刚想说："可小小在家吃红烧肉的……"老师就打断说道："现在关键是要培养孩子良好的饮食习惯，家长在家也要以身作则……""哦，好，好。"小小爸爸只得答应着。

思考　请结合所学内容，针对此案例，你会如何和小小爸爸沟通？

(二) 认识不同

1. 对幼儿教育的观念、态度与教育方法的分歧

家长对幼儿教育的目的有不同的理解，有的家长认为幼儿园就是应该多学知识，多背诗，多做算术题，不能只是"游戏""玩"，总是问孩子"学什么了"，孩子答不上来，家长就不满意；有些家长方法简单，信奉"棍棒"教育，不理解孩子的需要，常用命令强迫孩子服从；有的家长把孩子看成是"掌上明珠"，生怕孩子伤着、累着，样样事情包办代替，不但自己"溺爱"孩子，还要求教师在班级里也要"溺爱"他的孩子。这些都与教师所秉持的幼儿教育观念相违背，于是常常"话不投机半句多"，个别沟通就不了了之。

2. 对幼儿在成长过程中出现问题进行归因的矛盾

教师和家长的矛盾，常常是由于幼儿在成长的过程中出现的一些问题所造成的。如有幼儿讲粗话，教师纠正多次，仍有反复。于是教师向家长反映，家长则说："我在家也听到他说了，我还以为是他在幼儿园学的呢。"对此，教师和家长双方可能会相互责备，把责任推给对方，从而导致幼儿的问题并没有得到很好的解决。

三、顺利开展教师与家长个别沟通的方法

(一) 采用便利双方的个别沟通方式

微信、园所 App 等是目前比较有效的个别沟通手段，教师的寥寥数语、几张照片或短视频，可以及时传递幼儿的情况，家长特别是很少与教师个别沟通的家长，对这样的沟通内容非常感兴趣。同时这样的个别沟通可以密切教师与家长之间的交流，增强幼儿的学习和家长的教育信心，也可避免教师与家长鲜有时间交流的尴尬。

另一方面这些联系方式既方便又快捷，既可及时向家长传运幼儿的情况，又可以随时就幼儿出现的问题商讨解决的方法。如有幼儿上午来园精神不振而且老打瞌睡，教师配上照

片发给家长,家长马上回应是双休日外出回来太晚了。教师中午安排幼儿早睡晚起,同时发送幼儿午睡熟睡的模样,让家长放心的同时提醒家长休息日外出活动要有张有弛,与幼儿在园的作息尽量保持一致,以免出现上述情况,影响幼儿的生活、学习。

(二)尊重家长,与家长保持平等关系

《纲要》指出:"家庭是幼儿园重要的合作伙伴。应本着尊重、平等、合作的原则,争取家长的理解、支持和主动参与,并积极支持、帮助家长提高教育能力。"教师以平等真诚的态度对待家长,将家长视为朋友,尊重家长意见,虚心听取家长的建议,乐意与家长沟通,教师与家长的关系就会比较融洽。教师应主动向家长介绍孩子在幼儿园的表现,以平等而细致的态度面对幼儿和家长,以宽厚的胸襟接受来自家长的不同意见,以积极的态度和方法来改变家长。教师和家长的个别沟通虽然是一对一进行的,但是需要沟通时双方互相的尊重,教师作为专业人员,更应本着一切为了幼儿的原则,真诚与家长交流,尊重家长,平等对待家长,给家长做出示范表率,这样家长就自然能积极支持教师的工作,从而使家园共育真正有成效。

个别沟通中,教师要及时发现家长和幼儿存在的问题及其原因,积极帮助家长树立正确的教养观,及时向家长传达科学的做法,帮助家长认识到不断更新教育理念的重要性,能够把复杂的道理用浅显易懂的语言表达出来,达到个别沟通的目的。教师要鼓励家长有问题主动沟通、商量,以寻求更好更快的解决途径,共同促进幼儿全面发展。

(三)充分发挥语言艺术的魅力,并学会倾听

1. 先扬后抑

个别沟通中,教师可以先客观展示或描述幼儿的发展情况,然后肯定幼儿的优点,接着再点出不足,这样家长就会感到教师是了解幼儿、客观评价幼儿的,愿意与教师交流,而不会对教师不信任。

2. 避实就虚

教师与家长的个别沟通中,教师不要一开始就着急地切入主题,可以在沟通中自然而然地引出主题。如家长因孩子与同伴纠纷与教师个别沟通,教师可以先不把重点放在幼儿的纠纷上,而是谈一些幼儿近期发展变化的方面,让家长减少心理顾虑,然后再与其共同分析并找出原因,寻求解决办法。

3. 淡化幼儿的缺点和错误

个别沟通时,不论教师还是家长都不要以成人的标准去要求幼儿。家长希望了解的是教师对于孩子所犯错误的认识与态度。教师要向家长表达一种愿望,即交流、谈论幼儿的不足,并不是不喜欢或是讨厌孩子,而是希望得到家长的支持,寻找更好的方法来解决问题,以便家园共同引导、帮助幼儿,形成良好的行为习惯。

4. 学会倾听

个别沟通中,教师不仅要会说,还要学会倾听,及时捕捉家长发出的信息,并能够从家长

的视角看同一个问题,只有这样,沟通才能够在教师和家长之间起到双向循环的效果。

四、注重与特别家长的个别沟通

(一)留意那些接送孩子匆匆离去的家长

其实这些家长在没有充足的时间和教师沟通的情况下,更多时候也是怀着与新教师相同的心理:不好意思、不善表达。与这样的家长沟通,教师一定要主动,除了进行日常随机沟通以外,还要增加与家长之间的沟通频次,与家长多进行电话沟通,或者是保持微信、QQ等联系,让家长能更多地了解孩子的发展情况,给予孩子更多的关爱。同时多引导家长表达出自己的建议与意见,并对一些重要的班级活动多加提醒,让家长感受到教师工作的贴心、细致。

(二)和有"意见"的家长交流

图6-9　教师要和幼儿成为朋友

和这类型家长交流,最重要的是让家长感受到教师对幼儿的了解与爱。首先教师要和幼儿成为朋友,多拥抱、接触他们,一定要蹲下来和他们说话(小班的幼儿尤其需要),记住幼儿一天中发生的重要事件。然后利用离园的时间主动向家长说说幼儿的情况,注意要微笑,态度真诚,说出细节。主动约谈家长,进一步了解家长的想法,同时传递幼儿园与教师的专业意见。对于一些不同意见或是值得探讨的问题,可以作为长期交流的话题。

案例

不能脱外套的外婆

一天上午户外锻炼的时间,贝贝外婆冲到了园长室告状,反复就是那么几句话:"小一班老师太不负责任了!我们贝贝要是得肺炎,我让她们负责!"而且情绪一直很激动。

快到午餐时间,贝贝外婆的情绪总算稳定下来。这期间园长询问了小一班班级老师,才清楚了事情的原委——贝贝外婆着实让小一班的两位老师头疼,户外锻炼不管天气冷天气热,贝贝的外套一件也不能脱!当天上午看着锻炼得满头大汗的贝贝,小一班的老师就把贝贝最外面的一件外套脱了下来,没想到贝贝外婆恰好就在幼儿园外面,一看见贝贝的外套被班级老师脱了,二话没说就冲到了园长室,因为她觉得自己已经多次提醒过班级老师:贝贝的外套不能脱,脱了就会生肺炎。老师就是故意为之,想让贝贝生肺炎。

园长和小一班老师一起把幼儿园户外运动的保育措施和贝贝外婆进行了沟通,同时也把她们小一班老师的一些日常做法告诉了贝贝外婆,打消了贝贝外婆的不实之想,贝贝外婆总算心平气和下来。

事后,园长和小一班老师交流,类似贝贝外婆这样有特别诉求的家长一定要及时沟通,同时反馈自己日常的有效做法,防患于未然,同时利于在第一时间解决问题。

如果你是小一班的老师,你会怎样和贝贝外婆个别沟通?

(三) 重视有特殊需要的幼儿

教师要了解有特殊需要的幼儿的身心发展特点及教育策略,对有特殊需要的孩子,教师可以在家长提出要求前提出自己的建议和措施,让家长感受到教师的前瞻性和专业性;尽可能创造条件帮助幼儿尽快适应集体生活,参与班级的各项活动;同时给予必要的照料,根据需要及时与家长沟通,帮助幼儿获得专业指导或康复治疗。

案例

家访时教师发现乐乐是个敏感的孩子,特别在意成人的言行。入园之后的几天乐乐的情绪一直不好,一天晚上乐乐妈妈在班级微信群里留言如下:

老师,今天乐乐回来说不愿意上幼儿园,我问他是怎么回事,他告诉我,小朋友中午不起床,教师就打他,小朋友被教师打了才起床的!(询问后得知乐乐是把"教师轻拍孩子的背起床"这种"爱的方式"看作是教师在打小朋友了)

针对此案例,如果你是乐乐的老师,你会如何处理?

教师与家长的个别沟通要取得成效,需要教师和家长在平等、信任的基础上,做好各自的情绪管理,积极、主动、全面交流,这样才能使教师了解并能满足、支持幼儿成长发展的需求和家长科学家教的需要,达成家园共育,从而促进和帮助幼儿健康和谐发展。

案例分析

事件一:

小铭早晨带来一套崭新的"聪明豆"系列绘本,一共有 20 本,我惊讶地问她怎么带这么多书来。她说："妈妈要我带来的，送给幼儿园，放在图书角，给小朋友们看！"我仔细回想，小铭的妈妈每天来接小铭时，都会在图书角给小铭读一个故事再走，她一定是发现图书角的图书很久没有更换了……

事件二：

下午放学时，好几个家长向我发出了邀请："老师，我们已经召集了大概十几个家庭，周末去白马公园玩，你也参加吧！"童童爸爸还告诉我，他已经建立了一个我们班的 QQ 群，邀请我加入……

结合本单元所学内容，你是如何看待这些家长的？如果是你，你会怎么做？

主题讨论

欣欣每天都是由保姆接送。很多需要家长配合的工作，告诉保姆之后，常常完成不了。一个周五下午的接送时间，我终于见到了欣欣妈妈，她一再说："多谢老师了！他爸爸和我都忙。家里没有老人帮忙，只能靠保姆。老师，要你们多费心了！"

请结合本单元所学，讨论针对此类家长如何开展家长工作。

视野拓展

1. 唐淑，虞永平.幼儿园班级管理[M].南京：南京师范大学出版社，1997.

2. 世界学前教育组织，国际儿童教育协会.全球幼儿教育大纲.1999.

3. 中华人民共和国家庭教育促进法.2021.

4. 中华人民共和国未成年人保护法.2020.

5. 中华人民共和国反家庭暴力法.2015.

6. 李钰，曾雪.牵手——新老教师关于家长工作的对话[J].幼儿教育导读（教师版），2010(7)：29-31.

7. 晏红.幼儿园家庭教育指导形式与方法[M].北京：中国轻工业出版社，2013.

阅读思考

1. 建议阅读应彩云在上海学前教育网上发表的《与家长共处》一文，思考文中记录的几个与家长共处的小故事，如果发生在你的身上，你会如何处理？你如何评价文中几位教师的处理方法？

2. 请你根据家长开放活动的要求，设计一张"家长开放活动反馈表"，思考并和同学们讨论如何有效指导家长参与各类家长开放活动。

第七单元

门前风景雨来佳
——幼小衔接

 单元概要

本单元分为两个小节，第一节主要介绍了班级幼小衔接工作的准备；第二节阐述了幼小衔接工作的具体实施。

 思政要点

认真学习国家、地方有关幼小衔接的文件，贯彻相关精神，坚持文化自信，科学开展幼小衔接。

 重点

① 了解幼小衔接工作的相关知识及其原则。
② 具备幼小衔接活动设计的能力。

 难点

① 认识幼儿教育与小学教育的本质区别，建立正确的幼儿教育观念。
② 具备开展、设计与评价幼小衔接活动的能力。

 关键词

幼小衔接、适应困难、入学准备。

　　幼小衔接不仅历来是学前教育管理者和教师们关注的问题，而且现在越来越是家长们关心甚至焦虑的问题。2021年4月教育部发布《关于大力推进幼儿园与小学科学衔接的指导意见》，以一个主文件和两个附件的形式对推进幼小衔接工作做出全面部署，提出了幼儿园要将入学准备教育渗透于三年保育教育工作的全过程，在大班实施有针对性的入学准备教育，小学一年级上学期作为幼小衔接适应期，实施与幼儿园相衔接的入学适应教育等措施，围绕幼儿身心准备与适应、生活准备与适应、社会准备与适应以及学习准备与适应四个方面对幼儿园的入学准备教育和小学的入学适应教育提出了具体、可操作的指导，有效引导幼儿园和小学教师及家长转变教育观念与行为，正确帮助幼儿做好入学准备与入学适应，促进幼儿顺利过渡。2022年4月教育部公布新修订的义务教育课程标准,突出幼儿园和小学的学段衔接,提出要合理设计小学一至二年级课程,注重活动化、游戏化、生活化的学习设计,降低幼儿衔接坡度。明确要求在小学一年级第一学期安排必要的入学适应教育,适当利用地方课程、校本课程和综合实践活动课时组织开展入学适应活动,对学生学习、生活和交往进行指导。同时许多省市近年也先后出台了相关的政策,比如,上海市教委发布《陪着孩子慢慢来——小学新生入学 30 问》的新生家长手册,2019 年颁布了《上海市幼儿园幼小衔接活动的指导意见(修订稿)》[以下简称《指导意见》(修订稿)],不仅指导幼儿园教师做好幼小衔接工作,而且指导家长们做好幼小衔接的家庭教育工作。

《指导意见》(修订稿)中指出:"幼小衔接是长期性而非一时性的活动。""首先,从小班入园开始就要关注幼儿个体以及在班级群体中情绪情感、习惯能力的培养。其次,大班一年中,教师要有意识地在各类活动的实施中渗透文明习惯、情绪管理、自我保护、规则意识、任务意识、时间观念、社会交往等内容,支持幼儿循序渐进地适应小学生活,习得学习的各种能力与习惯。最后,在大班末期,教师可以有针对性地组织主题活动,激发幼儿能主动、积极、自信地面对入小学后的任务密度及难度。"

如果班级教师和家长们有意识地做好上述这些幼小衔接的工作,那么班级管理工作就如同诗句中所说的"门前风景雨来佳",从幼儿入园到离园的一幕幕风景都是让人赏心悦目的了,幼儿的整个学前教育也就画上了圆满的句号,家长们也将信心满满地陪伴孩子们进入后一阶段的义务教育过程。

第一节　幼小衔接工作的准备

时间飞逝,转眼孩子们过完暑假就要升入大班了! 晓晓看到有调查显示,不少小学一年级班主任反映,现在一年级小学生入学准备常见问题有:

- 独立性差,自理能力不足,生活习惯不良;
- 学习技能弱,学习态度消极,学习兴趣缺乏;
- 同伴交往有问题,文明礼貌不够,以自我为中心;
- 知识面狭窄;
- 语言表达能力差;
- 自我控制能力差,难以遵守规则;
- 思维不主动,注意力难以集中;
- 动手能力差。

于是晓晓马上求教王老师:"王老师,真的是这样吗? 那我们幼儿园老师可以做些什么帮助孩子们呢?"

王老师表达了自己的看法:从幼儿教师的角度看,幼小衔接工作在幼儿入园的那一刻就拉开了帷幕;从家长的角度看,实际上在家庭中从小培养幼儿生活等各类习惯的养成就是为幼小衔接做准备。同时王老师告诉晓晓可以从了解有关幼小衔接的基本内容入手,为班级幼小衔接工作的开展做准备。

一、幼小衔接的意义

幼小衔接是指幼儿园和小学两个相邻教育阶段之间在教育上的互相连接。实质上指的是儿童连续的、不断发展的社会性、心理、身体发展上的衔接。

学前教育是基础教育的重要组成部分,与小学教育是相互衔接的两个教育阶段。幼儿园和小学在作息时间、生活制度、学习内容、教学方法、评价方式等方面存在一定差异,两个阶段的有机衔接对儿童成长至关重要。

温馨小站

2021 年教育部发布《关于大力推进幼儿园与小学科学衔接的指导意见》,旨在以习近平新时代中国特色社会主义思想为指导,全面贯彻党的教育方针,落实立德树人根本任务,遵循儿童身心发展规律和教育规律,深化基础教育课程改革,建立幼儿园与小学科学衔接的长效机制,全面提高教育质量,促进儿童德智体美劳全面发展和身心健康成长。

二、幼儿园幼小衔接的内容和原则

（一）幼儿园幼小衔接的内容

3—6岁是为幼儿后继学习和终身发展奠基的重要阶段，也是为幼儿做好入学准备的关键阶段。帮助幼儿科学做好入学准备教育，是幼儿园教育的重要内容。

教育部颁布的《幼儿园入学准备教育指导要点》（以下简称《幼儿园指导要点》）以促进幼儿身心全面准备为目标，围绕幼儿入学所需的关键素质，明确提出以下四个方面的内容：一是身心准备，主要包括向往入学、有良好的情绪、喜欢运动、动作协调等；二是生活准备，主要包括养成良好的生活习惯、生活自理、参与劳动、增强安全防护能力等；三是社会准备，主要包括会交往合作、诚实守规、有任务意识、热爱集体等；四是学习准备，主要包括好奇好问、有良好的学习习惯、学习兴趣浓厚、有一定的学习能力等。

幼儿园幼小衔接的内容解析

> **温馨小站**
>
> 美国的吉尔伯特将"入学准备"界定为幼儿从正规教育中受益需要具备的各种关键特征或基础条件。美国国家教育目标委员会（NEGP）入学准备研究小组将入学准备划分为三个方面的内容：幼儿的准备状态、学校的准备状态、家庭与社区的支持。其中，从幼儿的角度来看，入学准备包括五个重要领域：学习方式、认知与一般知识、情绪与社会性发展、言语发展、身体健康及运动技能发展。幼儿在这五个领域的发展状况，决定了幼儿能否从日后的学校教育中受益。

（二）幼儿园幼小衔接的原则

1. 提高适应性，萌发积极入学意愿

帮助幼儿初步建立角色认同、集体意识和归属感，提高社会适应性，萌发入学意愿。幼儿园大班是幼儿角色转变的重要阶段，通过必要的专项主题活动，萌发幼儿向"小学生"角色的转变；鼓励幼儿与同伴、教师和周围的人友好相处、文明交往，逐步建立集体意识；学会关心他人、相互帮助，获得归属感；在教师的帮助下制定循序渐进的入学适应性目标。可以开展"参观小学""学做小学生""小学教师进课堂"等主题活动，让幼儿初步了解和体验小学生活，萌发对"小学生"角色的认同。

2. 培养自理意识，增强独立生活能力

指导幼儿掌握必要的生活技能，养成生活自理意识，建立"我在成长"的积极学习态度，为适应小学学习生活做好准备。通过一日活动各环节的渗透，寓教于乐，帮助幼儿养成自理生活的方法，提高自我服务能力；能够自己穿脱衣服，并根据天气变化增减衣物，会系鞋带，叠被子；学会整理自己的生活和学习物品，妥善保管不丢失；有初步的时间观念，养成良好作

图 7-1　能够自己穿脱衣服

息习惯,学会管理自己的时间,培养幼儿养成遵守作息时间的习惯,按时上幼儿园,不迟到早退,不随便请假;做好值日生工作,在服务自我的同时乐意为他人服务;有针对性地开展安全自护教育,掌握基本的应急应变技能,学会自我保护。可以开展"生活自理能力比赛""远离危险""整理我的小书包"等活动。

3. 加强体能锻炼,增强身体素质

　　适度加强幼儿体能锻炼,保证幼儿身体运动机能各项监测指标达到要求,增强身体素质,避免幼儿入学后因免疫力低下、体力不支等原因,影响学习生活。幼儿园应循序渐进地加强晨练、体育游戏、大型器械、户外间操以及户外体育游戏活动;按照幼儿生长发育规律,加大难度和强度,拓展体育锻炼内容;延长体育课的时间及上课的频次等,切实增强幼儿体能。可以开展"亲子运动会""球类运动""韵动体操"等活动。

4. 培养学习习惯,注重学习品质

　　培养幼儿形成初步的学习习惯,主要包括:倾听、专注力、阅读习惯,质疑、提问、语言表达,合作、探究、任务意识,规则、使用工具、书写姿势等。培养幼儿良好的学习习惯,有利于激发幼儿学习的积极性和主动性,培养其自主学习能力,使其终身受益;在日常活动中,引导幼儿在与他人交谈时,目视对方,专注听他人讲话,有良好的倾听习惯;掌握观察方法,能够独立阅读图画类书籍;对汉字感兴趣,培养阅读习惯;及时纠正幼儿不良坐姿及握笔方法,做好前书写准备;引导幼儿学会保护自己的眼睛及各种感觉器官;培养幼儿的任务意识。可以开展"图书漂流""亲子故事表演""经典诵读"等活动。

5. 缩小环境差异,加强幼小沟通交流

适时改变活动室布局,创设小学课堂情境,让幼儿在心理上有一定的感知和认同;适当延长教学活动时间,缩短自由游戏和午睡时间;设置固定集体教学时间,教学形式逐步接近小学;设置"课间休息环节",加强对课间休息和自由活动的引导,帮助幼儿学会自主安排和管理自己的生活与学习活动;与周边小学建立友好协作的关系,组织教师走访小学,邀请小学教师走进幼儿园;促使幼儿园教师了解掌握小学起始年级教育方式和特点,调整完善教学计划。开展"我是快乐的小学生"等入学前的体验活动;创设幼小衔接区域,在区角中投放与小学相关的学习材料,让幼儿在与材料和环境的互动中进一步增强对小学的了解;大班第二学期,可逐步开展模拟小学课堂、课间 10 分钟等活动;开展小幼教师互动听课、教研等活动。

> **温馨小站**
>
> Focus on school ready for children, not children ready for school. (关注学校为儿童做好准备,而不是儿童为学校做好准备)

三、小学幼小衔接的内容和原则

(一)小学幼小衔接的内容

从幼儿园进入小学是幼儿早期成长过程中一次重要的转折。幼儿对初入学能否适应,一定程度上决定着其今后对学校生活的态度和情感,并影响将来的学业成绩和社会成就。帮助幼儿顺利适应小学生活是小学一年级重要的教育任务。

教育部颁布的《小学入学适应教育指导要点》(以下简称《小学指导要点》)以促进幼儿身心全面适应为目标,围绕幼儿进入小学所需的关键素质,主要明确了四个方面的内容:一是身心适应,主要包括喜欢上学、快乐向上、积极参加锻炼和动作灵活等;二是生活适应,主要包括有良好的生活习惯、具备一定的自理能力、能安全自护和热爱劳动等;三是社会适应,主要包括融入集体、有良好的人际交往能力和品德养成、遵规守纪等;四是学习适应,主要包括乐学好问、有良好的学习习惯和学习能力、学习兴趣浓厚等。

> **温馨小站**
>
> 幼儿在适应小学生活和学习时会出现一些困难,幼儿适应困难一般分为学习适应困难与社会性适应困难两大方面。学习适应困难主要表现在读写、数学两个方面。社会性适应困难主要表现在任务意识与完成任务的能力、规则意识与遵守规则的能力、独立意识与独立完成任务的能力以及人际交往的能力等方面。

(二)小学幼小衔接的原则

1. 加强小幼互动,建立协作关系

加强小学与周边幼儿园的联系,建立友好协作的关系。小学应定期邀请幼儿园召开幼

小衔接座谈会等活动,建立健全小学与幼儿园的联系,切实做好衔接工作;及时向幼儿园提出幼小衔接注意事项,签订幼小衔接合作协议,建立幼小衔接工作的长期合作机制。

2. 改进课程梯度,做好教学衔接

坚持学科知识"零起点"教学;尊重幼儿认知发展规律,进一步改进和完善教学计划,丰富教学手段;有效减缓小学和幼儿园两个学段的学习梯度。

3. 加强互动交流,双向无缝对接

有针对性地组织校、园开放活动,引导教师深入了解大班幼儿的心理发展水平和年龄特征,共同探讨幼儿在生活、学习、游戏等方面存在的问题,小学教师对幼儿园幼儿做出分析、评价,提出有针对性的改进策略,提出合理化建议。开展小学教师深入幼儿园参观环境、现场指导、随堂听课等活动,了解大班幼儿的发展情况,双向靠拢做好衔接工作,为幼儿进入小学,顺利完成角色转变打下坚实的基础。

四、幼小衔接的六大断层问题理论

德国的哈克教授认为,从幼儿园到小学,不仅是学习环境的转换,也包括教师、朋友、行为规范和角色期望等因素的变化。通过他的理解、调查、研究和分析,得出了幼儿园孩子在与小学衔接阶段所表现出的六大断层关系。

1. 关系人的断层

幼儿入学后,必须离开"第二个母亲"角色的关系人——幼儿园教师,而去接受严格要求、学习期望高的小学教师,这容易使幼儿特别是在开学初感到压力和负担。

2. 学习方式的断层

小学中正规的科目学习方式与幼儿园的自由游戏、探索学习和发现学习方式有较大区别,幼儿需要有适当的时间逐步加以适应。

3. 行为规范的断层

通常在幼儿园被认为是理所当然的个人要求,在小学不再被重视,幼儿入小学后,必须学会正确地认识自己,融入集体,他们以往的感性将渐渐被理性和规则所控制。

4. 社会结构的断层

幼儿入小学后与幼儿园的友伴分离,需要重新建立新的人际关系,结交新朋友,寻找自己在团体中的位置并为班级所认同。

5. 期望水平的断层

家长和教师都会对上了学的幼儿给予新的期望和压力,并且为了学业而减少幼儿游戏、看电视的时间等。

6. 学习环境的断层

幼儿期的自由、活泼、自发的学习环境转换成为分科学习、有作业、受教师支配的学习环

境，幼儿容易产生一些学习问题或学习障碍。

解决好这六个断层的连接问题，是做好幼小衔接的关键。

五、幼小衔接家长应该有的心理准备

1. 认识自己和孩子的角色转变

家长要提醒自己即将成为小学生的家长，愿意积极获得与此相关的经验和知识；同时帮助孩子认识到角色的转变：不再是幼儿园大班的小朋友，而是一名一年级的小学生，愿意向小学里的哥哥姐姐学习。

2. 尽量调整好自己的生活节奏和作息时间，为孩子入学做充分的准备

家长要帮助孩子熟悉小学的作息时间安排，和孩子一起制定家庭新的作息时间表，让孩子学着管理自己的时间，同时家长带头遵守，给孩子树立榜样。

3. 理智看待孩子的学习成绩

家长不要让孩子独自承担学习的压力，要让孩子知晓家长对于分数的态度，告诉孩子你愿意和他一起面对学习上出现的困难。

4. 清楚了解自己的孩子和其他孩子是不同的

家长要客观分析自己孩子的特点、优势，最重要的是让孩子自己也十分清楚，同时还应该针对孩子可能会出现的问题，做到心中有数，并分析自身的优势，结合孩子的情况，帮助他扬长避短，做有针对性的调整和补救。

5. 合理安排孩子入学前两个月的暑假生活

在入学前的暑假里，家长特别要巩固幼儿已经形成的良好行为习惯，真正做到家园共育，切实提高幼小衔接活动的有效性。

图 7-2 家园共育做好幼小衔接，让孩子轻松入学

幼小衔接工作的实施

一、幼小衔接活动设计的指导思想

（1）幼小衔接活动旨在帮助学前儿童实现从幼儿园到小学两个不同阶段教育的平稳过渡，让幼儿建立自信心，能健康、快乐地适应小学阶段的学习生活，保持身心的和谐发展。

（2）幼小衔接活动的开展，要充分尊重幼儿的年龄特点和身心发展规律，并体现后续学习和未来社会对儿童发展的要求。

（3）幼小衔接活动应充分体现科学性、整合性和趣味性，并与幼儿园的新课程实施有机结合。

（4）幼小衔接活动与小学"学习准备期"综合活动做到有机结合，尤其在儿童发展的评价问题上，体现价值取向的一致性。

二、幼小衔接活动设计的内容

基于幼儿发展需要，幼小衔接活动应重点围绕"入学愿望与兴趣""生活习惯""规则与任务意识""学习能力"四个目标进行内容的实施，并紧密结合班级的主题开展活动。幼小衔接活动实施的内容不仅包括一年级小学生需要具备的生活能力及学习能力，还注重幼儿心理、情绪、习惯、能力的培养。

案例

玩着玩着就衔接了

把一个矿泉水空瓶放在小椅子上，小朋友腰背挺直、双腿自然分开，一手拿着一根吸管，眯眼、屏气、对准，"啪"，吸管落到矿泉水瓶子外面。"没关系，慢慢地对准，手别抖，不着急。"在老师的指导下，静安区南京西路幼儿园大班的幼儿们玩起了"垂直降落"的游戏。

这个看似简单的游戏是南西幼儿园最近特地为大班幼儿设计的几十个幼小衔接游戏中的一个。孩子在对准瓶口，调整角度的过程中，需要慢慢静下心来，进行自我控制的训练。和坐在校外辅导班的教室里"自我控制"上课相比，这样的训练无疑深得孩子们的喜爱，他们在不知不觉的游戏中，正在接受小学生重要的学习品格的训练：专注力、耐心、手眼动作协调、独立完成任务等。

三、幼小衔接活动实施需注意的方面

（一）发动家长参与，实现家园共育

幼儿园可以采取专题讲座、专家咨询等多种形式加强"幼小衔接"专项宣传，让家长了解幼儿的成长规律，以及幼儿园幼小衔接教育的相关内容。帮助家长树立正确的幼小衔接教育观，缓解家长对幼儿入学的焦虑情绪，争取家长的积极配合。

（1）在班级家长会上说明幼小衔接的重要性和长期性。

（2）及时介绍班级在幼小衔接方面所开展的活动及意义。

（3）鼓励家长关注和了解幼小衔接活动的进程以及幼儿的表现。

（二）长期开展而非短期集中突击

班级教师可以通过家长开放活动、亲子活动等，吸引家长积极主动地参与到幼小衔接工作中，家园携手，共同帮助幼儿积累更多有益的入学经验。

（1）从幼儿入园开始有计划、循序渐进地开展。

（2）涉及幼儿能力、习惯等全方位的开展。

（三）注重和家长的及时沟通

教师应积极创设条件和机会，通过大班家长见面会、小学教师入园讲座等，指导家长合理安排幼儿入学前的生活，巩固良好的行为习惯，关注幼儿的情绪变化，共同陪伴幼儿自然地走过这一成长期。

（1）通过家长园地等家园共育的宣传栏，及时向家长传递活动信息，指导家长开展有关幼小衔接的家庭教育。

（2）发挥幼儿成长手册的联系作用和幼小衔接家长手册的指导作用，及时反馈幼儿的发展情况，帮助家长梳理幼小衔接需准备的方面，配合班级教师共同做好准备工作。

（3）利用微信、QQ、园所 App、微课等媒体形式，及时与家长沟通互动。

（四）加强与小学的联系、交流

（1）组织幼儿参观小学、观摩小学生一日活动等，进一步激发幼儿对小学生活的向往。

（2）通过照片、影视资料的展示，帮助幼儿熟悉小学的学习生活。

（3）适当调整大班的作息时间，与小学逐步接轨，帮助幼儿逐步适应小学生活、学习的节奏。

（4）邀请小学教师观摩班级活动，和小学教师进行教研交流，互相了解沟通。

图 7-3　组织幼儿参观小学

(五) 从情感入手, 激发幼儿即将进入小学的美好愿望

1. 开展相关的主题活动

组织和开展如"参观小学""我心中的小学""毕业倒计时"等活动。下面我们一起看一则活动设计。

表 7-1 "参观小学"活动设计①

主题活动	内容与要求	活 动 列 举
参观小学	初步了解小学生的学习和活动, 向往当个小学生	实践体验活动: ● 参观小学(通过参观小学环境, 观摩升旗仪式, 观看小学生的学习活动, 访问小学生等途径, 了解小学生活中各种有趣的活动) 集体教学活动: ● 幼儿园小学大不同(交流参观小学时发生的各种有趣的人和事, 尝试运用比较复杂的句式完整、清晰地讲述自己的经历和见闻) ● 《读书郎》(在歌曲表演中体会背书包上学的愉悦与对上小学的向往) 个别化学习区角活动: ● 不一样的学校(用记录、绘画、语言等多种方式表达幼儿园和小学的不同) ● 我喜欢的小学(在创意建构或绘画中表现心目中向往的小学) ● 关于小学的书(独立阅读图书, 理解画面, 能发现画面之间的联系, 用清晰连贯的语言表达对小学生活的了解与感受) 亲子活动: ● 和爸爸妈妈一起去报名(了解即将就读的小学以及小学周围的环境, 了解从家到学校的各种出行方式及所需时间) ● 听爸爸妈妈(哥哥姐姐或亲戚邻居)讲小学时的趣事(在聊天过程中感受小学生活的快乐, 增进亲近感)

2. 循序渐进地组织相关内容

根据主题的安排和幼儿的发展需求, 循序渐进地组织相关内容, 如"参观小学"活动, 可以先带领幼儿参观小学、观摩小学一日活动, 然后请小学生来园向幼儿介绍情况, 幼儿就能结合参观、观摩的感受直接与小学生交流、提出自己的疑惑等。

推荐家长和幼儿阅读一些绘本, 如《小阿力的大学校》《同桌的阿达》《第一天上学记》《小魔怪要上学》和《大卫上学去》等, 帮助幼儿了解小学的相关情况及其他幼儿如何在小学生活、学习等。

---

① 摘自《上海市幼儿园幼小衔接活动的指导意见(修订稿)》(2019).

（六）从操作入手，培养幼儿的学习适应能力和社会适应能力

1. 学习适应能力的培养

（1）注重幼儿的学习兴趣培养。

（2）注重幼儿的学习专注性培养。

（3）注重幼儿的学习持久性培养。

（4）注重前阅读能力培养。

（5）注重语言表达能力培养。

（6）注重前书写能力培养。

2. 社会适应能力的培养

（1）注重幼儿的规则意识培养。

（2）注重幼儿的责任心培养。

（3）注重幼儿的独立性和生活自理能力培养。

（4）提高幼儿解决问题的能力。

（5）形成幼儿良好的生活习惯、学习习惯。

（6）进行安全意识教育，增强自我保护能力。

（7）加强幼儿对环境的适应能力。

> **思考**　结合所学内容和相关文件，查阅文献，谈谈你对幼小衔接现状的思考及其他国家做法给予的启示。

四、幼小衔接中常见的不正确做法

（一）片面衔接

家长是孩子的第一任教师也是终身教师，幼小衔接在很大程度上要有家长的参与才能很好地完成。

不少家长存在重智育轻德育、重知识积累轻身心发展、重视技能技巧的训练而忽视幼儿的全面发展、重视短期成效而忽视幼儿的终身发展等问题，甚至有的家长急于求成，竟将小学一年级的课本内容提前教授给幼儿，这非但不能提高幼儿入学的适应能力，而且还容易造成以下弊端：幼儿刚入学时，确实感到轻松，自以为老师教的知识自己都学过了，已经会了，就不认真听课，从而养成不专心的不良习惯。当进入新的学习知识阶段时，提前的"储备"用完，以往的知识优势没有了，又缺乏积极

温馨小站

2018 年 7 月教育部办公厅下发《关于开展幼儿园"小学化"专项治理工作的通知》，要求促进幼儿园树立科学保教观念，落实以游戏为基本活动，坚决纠正"小学化"倾向，切实提高幼儿园科学保教水平，促进幼儿身心健康发展。

思考问题、主动获得知识和技能的能力,也缺乏认真学习的习惯,这时就会出现学习适应困难、"没后劲"等问题。

同时,由于幼儿教师没有经过小学教育的专门训练,对小学教学要求不甚了解,所教知识和技能有时不够规范,容易使幼儿养成不正确的习惯,如书写汉字的笔顺错误,读拼音不能"直呼"等,致使幼儿刚入学就面临首先要纠正错误的问题,阻碍了幼儿应有的发展。

(二) 幼儿园、小学、家长衔接不够

幼儿家长对自己孩子的教育过于依赖幼儿园、学校的老师,认为自己把孩子送到幼儿园、学校接受教育就可以不管了,教育问题都是老师的责任。

幼儿园将幼小衔接作为一项重要工作来抓,积极开展幼儿入学前的准备工作,而小学却被动等待幼儿园靠上来,形成衔接上的"一边倒"。

有的幼儿园与小学都积极开展衔接工作,开展丰富多彩的衔接活动,但在实际研讨过程中,由于理念差异而产生分歧,双方相持不下。这些都明显有悖于幼儿身心发展的客观规律,不利于幼小衔接工作的顺利进行。

五、幼小衔接的新要求和新做法

《纲要》明确指出:"幼儿园应与家庭、社区密切合作,与小学相互衔接,综合利用各种教育资源,共同为幼儿的发展创造良好的条件。"《指导意见》也指出:"当我们把家长作为一个重要的教育资源时,教师会了解到幼小衔接中园方无法了解到的一些情况与想法,便于掌握幼儿、家长最实际的想法与需要。同时,社会、家长也会在角色意识、教育观念、教育策略等方面产生变化。幼儿将成为家园协同教育的真正受益者。"

温馨小站

从幼儿小班入园开始幼小衔接工作,教师可以在实践中尝试如下做法:一是为幼儿提供后续学习所需的基础性前期经验;二是把幼儿的成长经历作为幼小衔接活动的课程资源;三是加强高质量的师幼语言互动,并指导家长,在家庭中有意识地进行高质量的语言互动。

幼儿园逐步加强与小学的互动,建立互访互通机制。充分利用社区相关资源,建立幼儿园园长和小学校长互通机制,协调社区内小学为大班幼儿开放课堂,搭建一年级教师和大班教师联合教研的平台,帮助幼儿园教师更好地了解小学低年级的教育特点,知道小学生活和教育的基本要求。同时,也让小学了解幼儿的特点以及幼儿在园经历等,为幼小衔接活动创造条件、提供机会。

(一) 幼儿园可以尝试的做法

幼儿园可以通过从幼儿小班入园开始开展"一日活动中的渗透教育"和大班期间开展"针对性的主题活动"以及作息时间的调整,有目的、有计划地帮助幼儿做好入学准备。

1. 一日活动中的渗透教育

《幼儿园指导要点》中建议"幼儿园应从小班开始逐步培养幼儿健康的体魄、积极的态度和良好的习惯等身心基本素质",《保教指南》中指出"关注幼儿发展的连续性,注重幼小科学衔

接"。一日生活中的渗透教育是指教师在组织实施幼儿日常活动时,要把握各环节的教育契机,既要凸显各类活动特质,又要有机渗透文明习惯、情绪管理、自我保护、规则意识、任务意识、时间观念、社会交往等方面的培养内容,用三年时间逐渐实现大班幼儿发展目标。如在一日生活的来园活动中,可以在幼儿园三年里逐步开展的渗透教育要点有:

图7-4 主动、大方向教师打招呼

（1）时间观念:按时来园,不迟到。

（2）文明习惯:主动、大方地向教师、保育师、保安叔叔及同伴问好。

（3）自我保护:主动告知身体状况,不在楼道里奔跑,上下楼梯靠右行等。

（4）自我计划:了解一日作息,对某项活动的参与有自己的计划或想法。

（5）整理能力:有序整理衣物或玩具等。

（6）任务意识:协商分配、参与值日生工作。

2. 针对性的主题活动

《保教指南》中指出"大班下学期采取多种形式,有针对性地帮助幼儿做好身心、生活、社会和学习等多方面的准备,建立对小学的积极期待和向往,促进幼儿顺利过渡"。针对性的主题活动是指大班期末五六月份,幼儿园可以紧紧围绕入小学所引发的各种话题,有针对性地设计与实施相关的主题教育活动,通过实践体验活动、集体教学活动、个别化学习区角活动、亲子活动等,引导幼儿了解小学生活,激发入学愿望,进一步培养良好的生活和学习习惯,促进幼儿形成主动学习的态度和良好的学习品质。

如针对主题"小课堂",模拟小学生的生活,初步感受小学生的学习活动,可以开展的实践体验活动有:

（1）我是新闻小主播（轮流担任小主播,主动关注身边的人和事,并用比较复杂的句式连贯清晰地表达）。

（2）课间十分钟（根据需要合理安排时间,学习自我计划、自我管理）。

（3）我的小目标（能够客观分析自己,设定一个自己能达到的目标,并努力坚持达成,碰到困难时不轻易放弃）。

（4）小小备忘录（用自己的表征方法记录每天要完成的任务,并评价完成的情况）。

（5）问题墙（经常收集感兴趣的问题,能够通过各种方法解决问题）。

（6）我是"游戏大王"（收集或创编小游戏,乐意与同伴分享游戏,体验一起玩耍的快乐）。

3. 作息时间的调整建议

（1）大班幼小衔接的作息安排中要确保幼儿每天的游戏和户外活动时间。

（2）大班下学期的4月份先缩短15分钟午睡时间,14:15起床。5—6月份再进一步缩短15分钟午睡时间,14:00起床。

（3）大班下学期，每天的自由活动时间可模拟小学课间十分钟，幼儿学着按需安排自己的生活和休息时间。

（4）5月份起，大班每天下午增加一个幼小衔接活动。该活动不特指集体教学活动，教师可以根据幼儿发展情况和当前幼儿活动开展的需要，灵活安排内容丰富、形式多样的活动。

（二）小学的新做法

小学可以尝试通过课程以及内容的安排、作息时间的调整等，让幼儿逐步适应小学的学习和生活，缓解幼儿的入学焦虑。

1. 课程的调整

如，为使幼儿更好地适应小学学习生活，上海规定小学一年级第一学期开学后的2—4周为"学习准备期"。这一举措意在促使小学教师放慢教学节奏，实现幼儿从幼儿园到小学平稳适应的"软着陆"。学习准备期的课程主要由学科课程和学校综合活动两部分组成。学科课程着重围绕学科学习兴趣的培养和学习习惯的养成。比如，语文安排几次综合游戏活动，从听、说、读、写、问等方面介绍学习好习惯、识字好方法以及写好汉字的注意点等；数学课程安排"分一分""数一数""比一比"等教学活动，初步明确数学课堂"听""说""做"的常规，激发幼儿学习数学的兴趣；外语课程通过开展"听听唱唱""说说玩玩""说说做做""听听演演"等游戏安排教学活动。

学校综合活动重点围绕学习兴趣的培养、学习习惯和行为习惯的养成、师生交往等，设计和开展教学。教师通常会带着幼儿参观学校的各个场馆和专用教室，既让幼儿熟悉新学校的环境，又激发起幼儿热爱学校、信任新老师、喜欢新同学的情感。

2. 作息时间的调整

又如2007年开始，四川成都的做法是在一年级新生中试行由幼儿园到小学生活的"幼小衔接"适应教育。学校把开学后的第一个月（4周）作为"幼小衔接"适应教育的时间。第一周重点让小学生熟悉小学环境，每课时上课时间为30分钟，15分钟在室内、15分钟在室外。课间自由活动时间"延长"为20分钟。第二周延长室内上课时间至20分钟，并开放二年级的音乐、美术、体育等学科，让新生参与学习，感受小学的分科教学，体会这些学科的乐趣。第三周将30分钟上课时间全部安排在室内进行，逐渐提高幼儿的自控力，并开始规范学生课堂学习行为。第四周上课时间"回归"正常，按40分钟安排，课间自由活动也缩减至与其他年级同步的10分钟。这种充分考虑幼儿身心发育特征的教学方式，收到良好效果。

案例分析

结合本单元所学内容，谈谈如果你是幼儿园大班的班级教师，你将如何开展幼小衔接活动，给出你的意见或建议。

主题讨论

结合本单元所学,讨论幼儿园教师应该如何设计并开展幼小衔接工作的各项活动。

视野拓展

1. 张金陵.宝贝要上小学啦[M].上海:华东师范大学出版社,2007.

2. 上海市中小学(幼儿园)课程教材改革委员会.上海市幼儿园幼小衔接活动指导意见(修订稿).2019.

3. 中华人民共和国教育部.教育部关于规范幼儿园保育教育工作防止和纠正"小学化"现象的通知.2011.

4. 钱志亮.入学早知道[M].北京:北京师范大学出版社,2011.

5. 上海市中小学(幼儿园)课程教材改革委员会.《陪着孩子慢慢来——小学新生入学30问》新生家长手册.2012.

6. 上海市中小学(幼儿园)课程教材改革委员会.上海市学前教育课程指南(试行稿).2013.

7. 上海市中小学(幼儿园)课程教材改革委员会.上海市幼儿园办园质量评价指南(试行稿).2020.

8. 中华人民共和国教育部.关于大力推进幼儿园与小学科学衔接的指导意见.2021.

阅读思考

1. 建议阅读《中华人民共和国家庭教育促进法》和黎巴嫩诗人纪伯伦的诗歌《论孩子》。和同学们一起讨论交流:

（1）家庭中良好的亲子关系是怎样的?

（2）家长如何开展正确的家庭教育和孩子共同做好幼小衔接准备?

（3）幼儿教师在幼小衔接上如何给予家长科学、正确的指导?

论 孩 子

卡里尔·纪伯伦

你们的孩子,都不是你们的孩子。

乃是生命为自己所渴望的儿女。

他们是借你们而来,却不是从你们而来。

他们虽和你们同在,却不属于你们。

你们可以给他们爱,却不可以给他们思想。

因为他们有自己的思想。

你们可以荫庇他们的身体，却不能荫庇他们的灵魂。

因为他们的灵魂，是住在明日的宅中，那是你们在梦中也不能想见的。

你们可以努力去模仿他们，却不能使他们来像你们。

因为生命是不倒行的，也不与昨日一同停留。

你们是弓，你们的孩子是从弦上发出的生命的箭矢。

那射者在无穷之间看定了目标，也用神力将你们引满，使他的箭矢迅速而遥远地射了出来。

让你们在射者手中的弯曲成为喜乐吧。

因为他爱那飞出的箭，也爱了那静止的弓。

2. 建议阅读：

（1）活动设计：一分钟有多长①。

结合幼小衔接活动的内容，和同学们讨论这个活动设计；如果是你，会怎样设计？

（2）儿童专注力分龄一览表告诉你孩子注意力不集中的原因和对策②。

结合幼小衔接指导要点，和同学们一起进一步讨论培养幼儿专注力的重要性和方法、策略等。

---

① 摘自山东学前教育网《幼小衔接活动：一分钟有多长》.
② 孩子注意力不集中的原因和对策. 校长传媒（微信公众号）. 2015－05－04.

后 记
（第二版）

　　本书的再版工作很早就启动了，但是因为学前教育的高质量发展需要、新文件的陆续颁布（第二版前言中提及的仅是一部分）和线上教学的拓展，同时伴随着自己的实践思考以及在教学过程中的反思，修修改改，一直到 2022 年下半年才初步完成再版初稿。其间辛苦自不必言，除了对在第一版中需要感谢的师长、同仁们再次致谢外，此次还要特别致谢：

　　1. 华东师范大学附属幼儿园 2020 届大二班全体幼儿及家长、班主任潘高玮和赵刘珊老师、李圆圆和孙长敏保育师。

　　2. 浙江省杭州市滨江区钱塘山水幼儿园 2022 届大一班全体幼儿及家长、班主任任然老师，以及天翊宝宝和天翊宝宝爸爸——感谢家长们的支持和老师们在班级管理中的点滴实践，让我在实践、思考的过程中源源不断地获得素材，尤其是可以使用的海量照片和视频！

　　3. 上海市宝山区青苹果幼儿园黄豪芳园长、杨茹瑾老师和佘晓蕾老师，以及相关班级的幼儿和家长——你们提供的案例和素材给予我很多启发，丰富了本书配套的视频资源。

　　4. 华东师范大学附属幼儿园朱永娣老师，上海市静安区南阳幼儿园唐迎霞老师，SECEE 学前教育能量站创办人刘昆博士及分享幼儿成长的部分学员——感谢朱永娣、唐迎霞和刘昆，每一次与你们在班级管理这个话题上的交谈，都让我有新的思考和收获！

　　5. 出版相关书籍和互联网上提供共享资源的专家、同仁们——感谢为我的班级管理实践以及书稿内容拓宽视野、提供资源！

　　6. 亲爱的家人们——爸爸妈妈、先生王骏、儿子王瀚成和儿媳孙嫣、侄女张羽霏和宠宝小桃、华盖、琉璃、黄桃——感谢你们在我深陷书稿无法自拔的时候，端来的每一杯茶水、烹饪的每一餐可口饭菜、问候的每一句话语、给出的每一条建议、绘出的每一幅插图、分享的每一个好心情……

　　当把修订好的再版书稿发给编辑老师后，我忍不住又一次在电脑上打开刚刚发出的书稿，心里想："什么时候可以再修订啊？"

张金陵

2022 年 10 月 28 日于上海华东师范大学三村

后 记
（第一版）

当我看到这本书小样的时候，许多一定要感谢的人瞬间浮现在眼前……

感谢华东师范大学学前教育与特殊教育学院培训部施燕老师！是您，一直鼓励我收集、整理与这本书相关的内容；是您，提供机会，使这本书的很多内容得以在出版前试教四届学前教育专业的学生；是您，督促我把这些内容撰写出来，今天终于看到小样了！

感谢华东师范大学附属幼儿园的历任园长们！尤其是庞建萍园长、王顺妹园长、杨应苏园长以及现任的吴丹园长，使我能在工作之中总结、梳理相关的经验！

感谢华东师范大学附属幼儿园我的历届搭班们！尤其是我的带教老师胡秀娟老师！

感谢这本书的编辑，使许多未曾细想的内容得以呈现！

感谢华东师范大学开放教育学院的赵娜老师，给予这门课程录像拍摄的建议和帮助！

感谢亲爱的儿子王瀚成和先生王骏，是你们一如既往的支持、鼓励，让我始终享受着教学和撰写的快乐！

在六月一日这个特别的日子……

张金陵

2015 年 6 月 1 日于上海华东师范大学

参考文献

1. 陈宇.班级管理课:班主任专业技能提升教程[M].上海:华东师范大学出版社,2021.

2. 罗树庚.教师如何快速成长:专业发展必备的六大素养[M].上海:华东师范大学出版社,2018.

3. [美]帕特里夏·M.库珀.小小孩都需要的教室[M].孙莉莉,译.昆明:晨光出版社,2021.

4. 徐莉.未来课程想象力[M].上海:华东师范大学出版社,2019.

5. [日]仓桥物三.保育的灵魂[M].李季湄,译.上海:华东师范大学出版社,2014.

6. [英]大卫·怀特布瑞德,等.高质量的幼儿教育:儿童早期的教与学[M].李甦,等译.上海:华东师范大学出版社,2019.

7. 张雪门.幼稚园教材研究,幼稚教育新论[M].北京:商务印书馆,2017.

8. [美]玛乔丽·菲尔茨,等.0—8岁儿童纪律教育[M].蔡菡,译.北京:中国轻工业出版社,2019.

9. [澳]迈克尔·纳格尔.生命之始:脑、早期发展与学习[M].王治国,等译.北京:教育科学出版社,2016.

10. [英]艾希.扩展幼儿的思维:父母与教师的合作[M].潘月娟,等译.北京:北京师范大学出版社,2010.

11. 王振宇.学前儿童发展心理学[M].北京:人民教育出版社,2004.

12. [美]Eva Essa.幼儿问题行为的识别与应对(教师篇)(第6版)[M].王玲艳,等译.北京:中国轻工业出版社,2011.

13. 朱家雄,张亚军.给幼儿教师的建议[M].上海:华东师范大学出版社,2010.

14. 吴玲,葛金国.幼儿教师专业成长[M].上海:华东师范大学出版社,2013.

15. 唐淑,虞永平.幼儿园班级管理[M].南京:南京师范大学出版社,1997.

16. 张富洪.幼儿园班级管理[M].上海:复旦大学出版社,2012.

17. [美]Laverne Warner,Sharon Anne Lynch.幼儿园班级管理技巧150[M].曹宇,译.北京:中国轻工业出版社,2011.

18. 施燕,韩春红.学前儿童行为观察[M].上海:华东师范大学出版社,2011.

19. 施燕.幼儿园新教师上岗手册[M].上海:华东师范大学出版社,2012.

20. [英]莎曼,等.观察儿童[M].单敏月,王晓平,译.上海:华东师范大学出版社,2008.

21. ［澳］罗德.理解儿童的行为：早期儿童教育工作者指南［M］.毛曙阳,译.上海：华东师范大学出版社,2008.

22. 孙瑞雪.爱和自由［M］.北京：中国妇女出版社,2013.

23. 马虹,李峰,等.幼儿园保教管理工作指南［M］.上海：华东师范大学出版社,2014.

24. 屠美如.向瑞吉欧学什么［M］.北京：教育科学出版社,2002.

25. ［美］丽莲·凯兹.与幼儿教师对话：迈向专业成长之路［M］.廖凤瑞,译.南京：南京师范大学出版社,2004.

26. ［美］贾妮斯·J·比蒂.学前教师技能［M］.嵇珺,译.南京：江苏教育出版社,2011.

27. 董旭花.幼儿园科学区（室）：科学探索活动指导117例［M］.北京：中国轻工业出版社,2011.

28. 李建君.区角　儿童智慧的天地［M］.上海：上海社会科学院出版社,2011.

29. 李跃儿.孩子是脚,教育是鞋［M］.上海：华东师范大学出版社,2014.

30. 陈慧军,张肖芹.幼儿园环境设计与指导［M］.上海：华东师范大学出版社,2013.

31. 张徽.幼儿卫生与保健［M］.上海：华东师范大学出版社,2014.

32. 王化敏.给幼儿教师的一把钥匙［M］.北京：教育科学出版社,2008.

33. 张金陵.宝贝要上小学啦［M］.上海：华东师范大学出版社,2007.

34. 高美霞.爬上豆蔓看自己［M］.北京：北京师范大学出版社,2008.

35. 上海市疾病控制中心.托幼机构隔离消毒.

36. 上海市普陀区教育局.好生活源于好习惯.

37. 上海市教委基教处,托幼协会.上海市托幼机构保育工作手册.

38. 廖莹.一日生活中幼儿常规的管理［J］.早期教育,2003(1).

39. 李俐.幼儿园班级环境建设［J］.学前教育研究,2008(8).

40. 王文乔,杨晓萍.人类发展生态学对幼小衔接的启示［J］.幼儿教育（教育科学版）,2007(6).

41. 黄琼.幼小衔接,我们在乎什么［J］.上海教育,2011(11).

42. 张蓉.国外家园合作的特点与启示［J］.幼儿教育,2004(Z1).

43. 季晓英.英国学前教育见闻［J］.幼儿教育,2003(4).

44. 王艳玲.社区共建：英国改造薄弱学校的新举措［J］.外国教育研究,2005(4).

45. 王岫.美、英、日、韩幼儿园家长工作概述［J］.早期教育,2006(5).

46. 王春英.美国早期教育机构中教师如何使用语言及行为给儿童以支持和引导［J］.山东教育（幼教版）,2009(6).